自由国民社

introduction

海や水辺のなかまたちは、
いつもご機嫌で気持ちよさそう。
彼らが、もっとユーモラスでかわいらしくなるように
かぎ針でまん丸フォルムに編んでみました。
パーツが少ないので、
手軽に編めてしまうのもいいところ。
ボディやひれなどが共通なので、
初心者の方でも、
簡単にいろんな作品が作れます。

怖いサメやシャチも
「あみあみ水族館」で
すっかり丸くなりました。
お気に入りを見つけてくれたら、
うれしいです。

ほし☆みつき

welcome!

contents

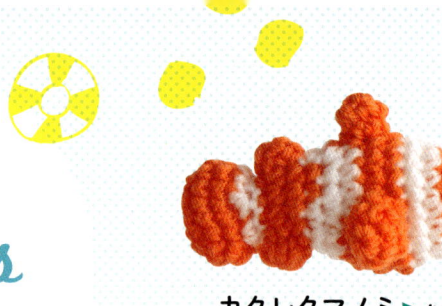
カクレクマノミ ▶ *p.6*

タコ ▶ *p.8*

フグ ▶ *p.9*

ニシキアナゴ、チンアナゴ ▶ *p.10*

クラゲ ▶ *p.13*

提灯アンコウ ▶ *p.12*

シュモクザメ ▶ *p.14*

ジンベエザメ ▶ *p.15*

シャチ ▶ *p.16*

クジラ ▶ *p.17*

ホオジロザメ ▶ *p.15*

イルカ ▶ *p.18*

ヒトデ ▶ *p.20*

オットセイ ▶ *p.22*

ラッコ ▶ *p.20*

アザラシ ▶ *p.21*

セイウチ ▶ *p.23*

イワトビペンギン ▶ *p.24*

サンショウウオ ▶ *p.25*

ウーパールーパー ▶ *p.26*

アクセサリーアレンジ ▶ *p.27*
あみぐるみの作り方 ▶ *p.28*
作品の作り方 ▶ *p.41*
ほし☆みつきのあみあみコラム ▶ *p.69*
編み目記号と編み方 ▶ *p.70*

Clown anemone fish
カクレクマノミ 作り方▶p.44

Octopus　タコ　作り方 ▶ p.46

Puffer フグ 作り方 ▶ p.47

ニシキアナゴ
チンアナゴ
作り方 ▶ p.48

Anglerfish
提灯アンコウ 作り方 ▶ p.49

Jelly fish
クラゲ 作り方 ▶ p.50

シュモクザメ
ホオジロザメ
ジンベエザメ

作り方 ▶ p.51

Orca
シャチ

作り方 ▶ p.54

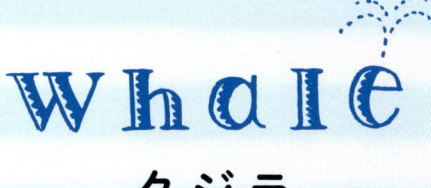

Whale
クジラ

作り方 ▶ *p.55*

Dolphin

イルカ 作り方 ▶ p.56

SEA OTTER
ラッコ 作り方▶p.58

STARFISH
ヒトデ 作り方▶p.57

Seal
アザラシ 作り方 ▶ p.63

Fur seal
オットセイ 作り方▶p.60

Walrus

セイウチ 作り方 ▶ p.62

Rock hopper penguin

イワトビペンギン

作り方 ▶ p.64

Salamander
サンショウウオ 作り方 ▶ p.66

ウーパールーパー 作り方 ▶ p.68

Arrangement to accessories

アクセサリーアレンジ

丸カンを縫いつけて、ストラップなどのアクセサリー金具とつなげばできあがり。細めの毛糸で3号針で小さめに編んで使うのもおすすめです。

How to make

あみぐるみの
作り方

本書に掲載している作品は、
すべてかぎ針で編みます。
18ページに掲載のイルカを作りながら、
基本のかぎ針編みと
まとめ方を確認しましょう。

Amigurumi

イルカを作る

イルカなど丸いボディのシリーズは、ボディや胸びれ、背びれ、尾びれがほとんど共通です。42〜43ページに掲載している編み図を見て編んでいきます。作品ごとに必要なパーツの編み図は、各作品の作り方ページに掲載されています。

本書で主に使用した糸

ピッコロ［ハマナカ］
アクリル100％の中細タイプの糸。色数も40色と豊富。

使用糸とかぎ針の号数

毛糸の太さに応じてかぎ針の号数を変えて編む。本書では主に4/0号針を使用。同じ編み図でも糸の太さでできあがりのサイズが変わる。

材料

綿……ボディと口のパーツに詰める
毛糸……各パーツを編んだり、刺しゅうをする
目のパーツ……刺し込み式のもの
※口の刺しゅうは刺しゅう糸か細めの毛糸を使用する。

用具

接着剤……主に目のパーツをつける
かぎ針……4/0号かぎ針
とじ針……とじたり、巻きかがったりする
段数リング……目数や段数を確認する
ハサミ……糸をカットする

1 ✦ ボディを編む ［立ち上がりをつけて編む／増やし目／減らし目／色替え］

Step1 わの作り目を作る

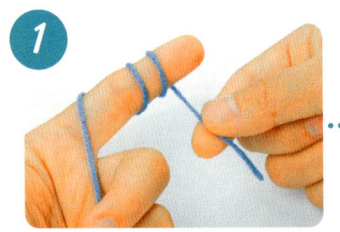
1
人さし指に毛糸を2回巻きつける。

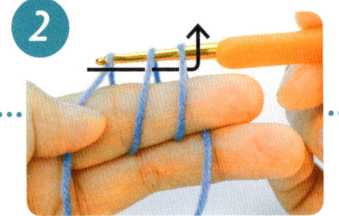
2
輪の中にかぎ針を入れ、糸をかけて引き出す。

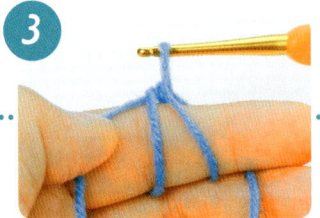
3
引き出したところ。

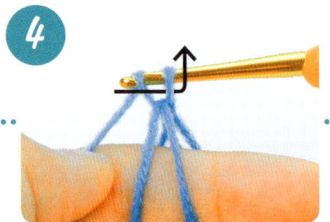
4
もう一度かぎ針に糸をかけ、引き抜く。

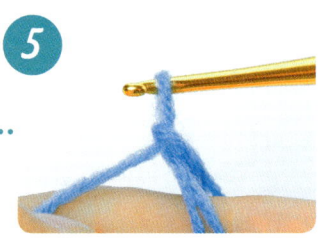
5
引き抜いて立ち上がりの鎖を編んだところ。

Step2 細編みを編む（1段め）

1
人さし指を抜き、糸を人さし指にかける。輪を親指と中指で持つ。

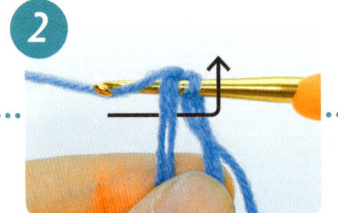
2
輪の中にかぎ針を入れて糸をかけ、輪の中に入れて引き出す。

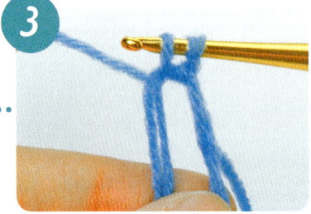
3
引き出したところ。

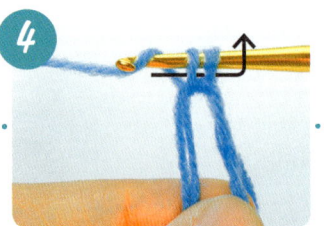
4
さらに糸をかけ、針にかかった2本の糸の中をくぐらせて引き抜く。

5
引き抜いたところ。1段めの1目めを細編みで編んだところ。

6
❷〜❺を5回くり返し、細編みを1段めの目数分（6目）編み入れる。

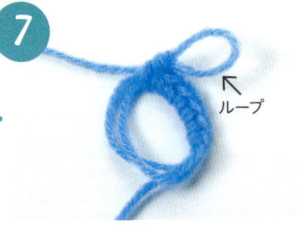
7
かぎ針にかかっているループをほどけないように大きくし、かぎ針をはずす。

8
糸端を軽く引っぱると、ひとつの輪が縮まる。

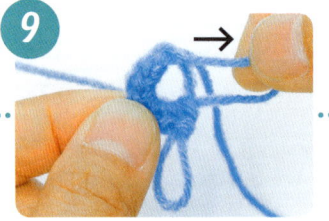
9
縮まった輪を引き、反対側の輪を締める。

10
引き締めたところ。

11 さらに糸端を引っぱって残りの輪も縮め、穴が見えなくなるまで引き締める。

12 引き締めてかぎ針を戻したところ。

13 引き抜き編みをする。最初の細編みの目（❻の1目め）にかぎ針を入れる。

14 糸をかけ、引き抜く。

15 糸を引き抜いたところ（1段めの完成）。

Step3　2段めを増やし目して編む

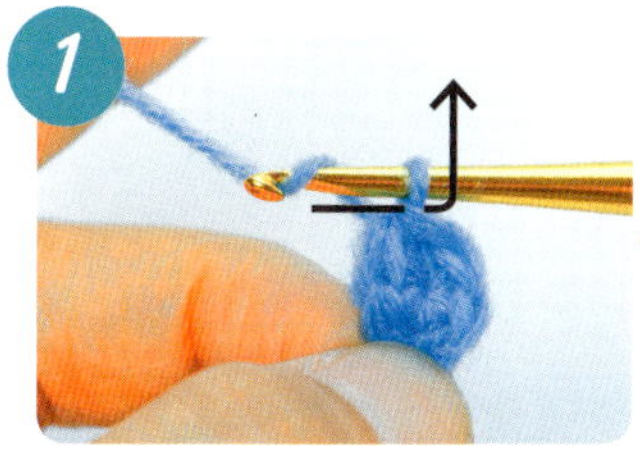

1 さらに糸をかけて引き抜き、立ち上がりの鎖を編む。

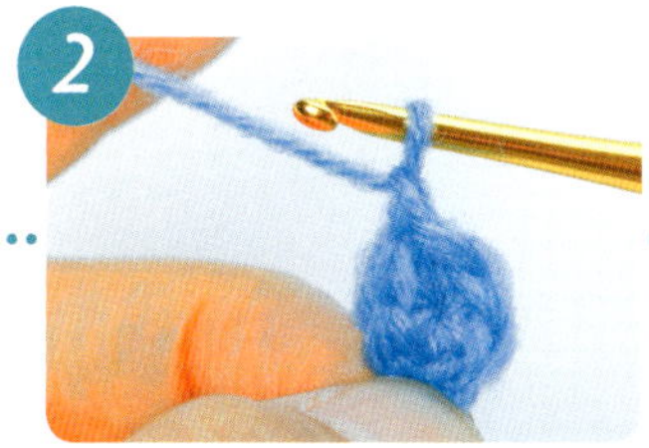

2 立ち上がりの鎖を編んだところ。

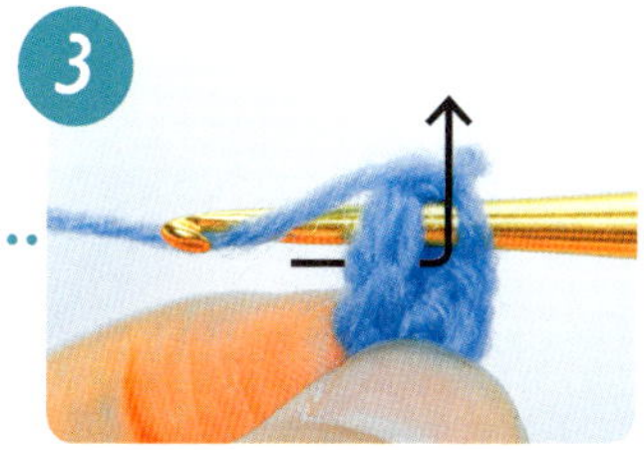

3 最初の細編みの目（1段めの引き抜きをした目）に2段めの1目めを編む。

4 糸を引き出したところ。

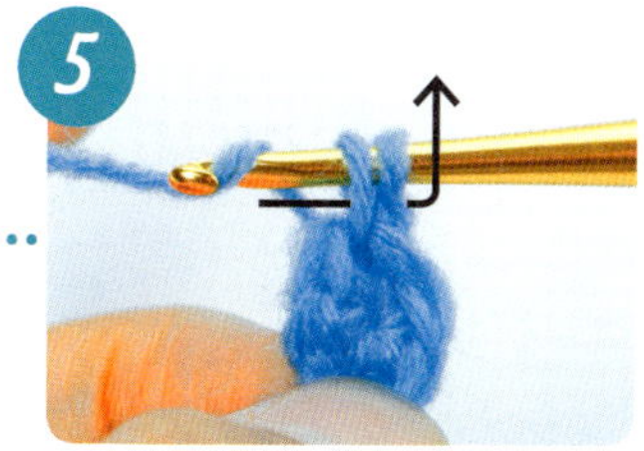

5 さらに糸をかけ、引き抜くところ。

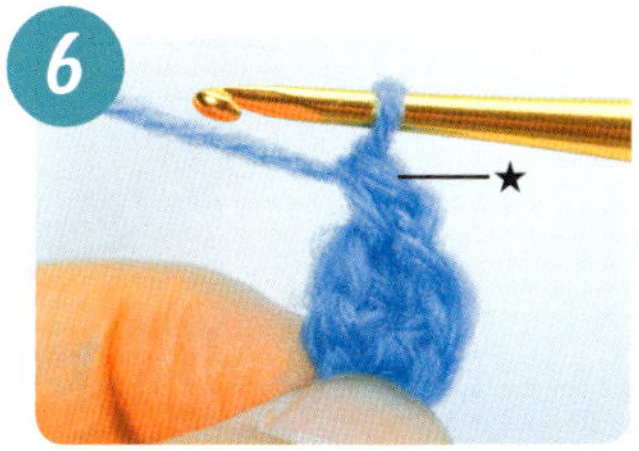

6 1目めを編んだところ。

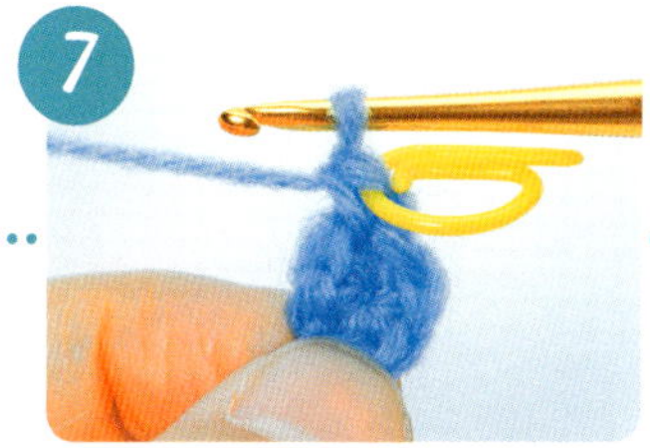

7 1目め（★）に段数リングをつける。段数リングをつけると編み始めがわかるので、目数や段数を数えやすい。

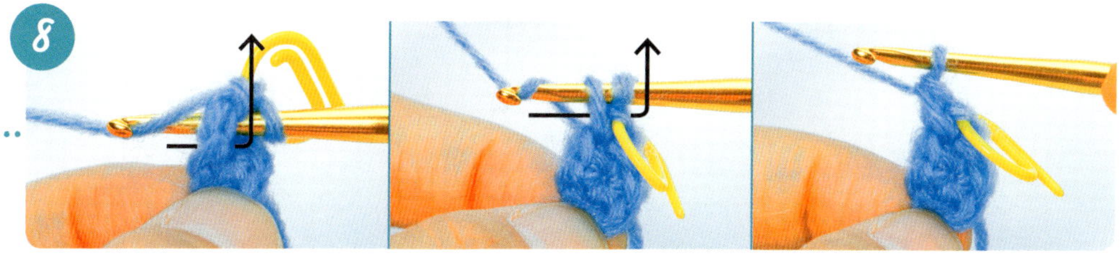

8 2目めも同じ目にかぎ針を入れ、細編みを1目編み入れる（前段の1目に2目入れる）。これが2目編み入れる増やし目。

Step4 12段め以降を色替えして、減らし目をして編む

2 ✳ 口を編む ［鎖の作り目／段の途中での色替え］

Step1 鎖の作り目をする

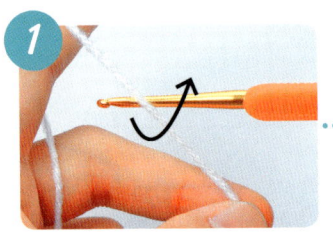
①鎖編みの作り目を作る。かぎ針に糸をくるりとかける。

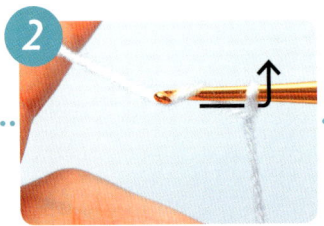
②輪を作り、糸をかけて引き抜く。

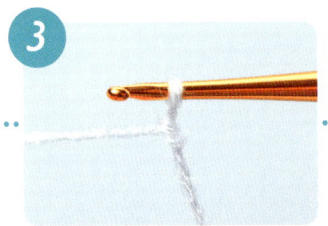
③作り目を作ったところ。この目は1目と数えない。

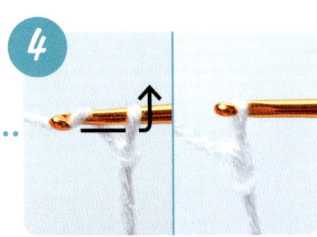
④かぎ針に糸をかけて引き抜き、鎖目を編む。1目編んだところ。

⑤④をくり返し、鎖目を6目編み、立ち上がりの鎖目を編む。

Step2 細編みを編む（1段め）

①鎖目に細編みを編む。6目めの鎖目の裏側の山にかぎ針を入れる。

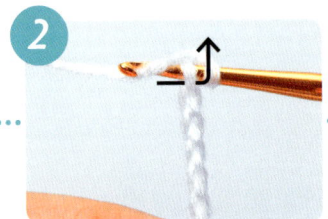
②細編みを1目編む。6目めの半目にかぎ針を入れ、糸をかけたところ。

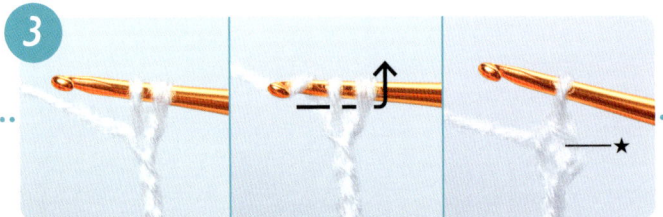
③糸を引き出し、さらに糸をかけて引き抜き、1目編んだところ。

④1目め（★）に段数リングをつける。

⑤同じように、鎖目の裏側の山に細編みを6目編み入れる。

⑥端まできたら⑤で編んだ同じ目に細編み（7目め）を編み入れる。

⑦次に向きを変えて同じ目に細編みをもう1目（8目め）編む。

⑧次の目からは鎖目の表側の糸を2本一緒にすくって、反対側の細編みを編む。

⑨13目めを編んだところ。同じ目に14目めを編み、引き抜き編みをする。

10 2段めの立ち上がりの鎖を編む。

11 2段めの1目を編み、段数リングをつける。

12 5目編んだところ。

13 6目めの途中で糸を替える。6目めの糸を引き出し、別糸をかけ引き抜く。

14 引き抜いて6目めを編んだところ。

15 7目めを編んだところ。7目〜16目まで増やし目を入れながら青で編む。

16 増やし目(細編み2目)をしたところ。

17 2段めの16目め(最後の目)の途中で、また色を変える。

18 16目を編んだところ。

19 引き抜き編みをする。隣の目(段数リングの目)にかぎ針を入れ、糸をかけて引き出す。

20 2段めが編めたところ。編み図の通りに色を変えながら編んでいく。

3 ✴ 各パーツを作る

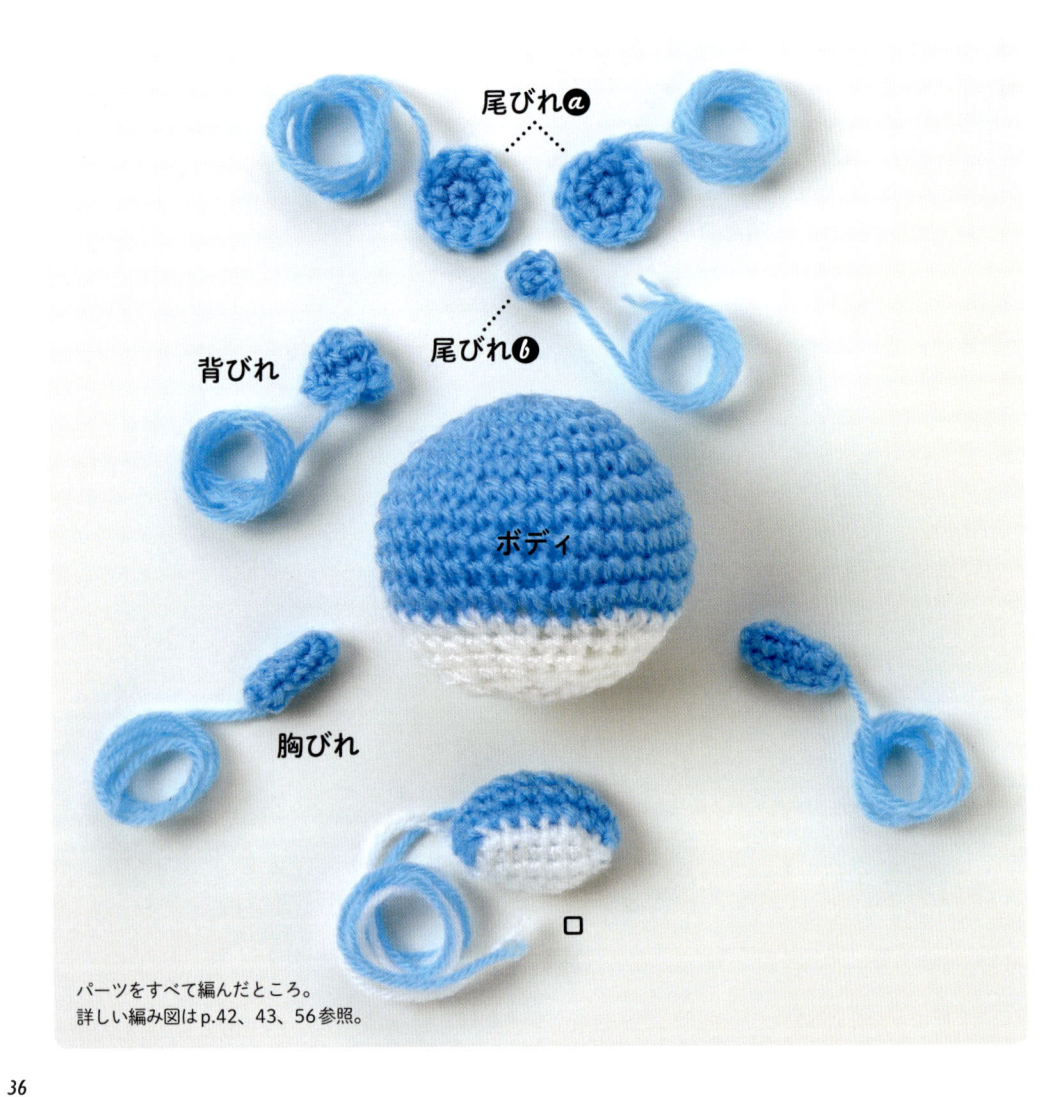

尾びれⓐ

背びれ

尾びれⓑ

ボディ

胸びれ

パーツをすべて編んだところ。
詳しい編み図はp.42、43、56参照。

背びれ

尾びれ

胸びれ

□

★尾びれⓐⓑを縫いつける

1 尾びれaを半分に折り、2枚をとじる。

2 尾びれaの先端を縫いつける。一方の糸端はカットする。

3 尾びれbを尾びれaの糸で巻きかがる。

4 尾びれパーツのできあがり。

4 ✴ 顔を作る

1
接着剤をつけた目のパーツを刺し込む。

2
2個つけたところ。

3
口を巻きかがる。口に綿を詰め、白の部分は白の糸でかがる。

4
水色の部分は水色の糸で巻きかがる。

5
口の刺しゅうをする。とじ針に黒の糸を通し、口の端から端まで糸を渡す。

6
楊枝に接着剤をつけて口に塗り、糸を固定する。

7
口をつけて刺しゅうしたところ。

5 ✴ パーツをつける

1
尾びれをボディに巻きかがる。

2
背びれをボディに巻きかがる。

3
胸びれは最終段をとじてから、ボディに巻きかがる。

Finish!

37

その他の編み方・かがり方

★ラッコの頭を編む［立ち上がりをつけずに編む（ぐるぐる編み）］

1 わの作り目をして1段編む（*1＊ボディを編む Step2 細編みを編む*まで同じ）。

2 引き抜き編みをせずに2段めの1目を編む。1段めの1目めにかぎ針を入れ、糸をかけて引き出し、さらに糸をかけ、針にかかった2本の糸の中をくぐらせて引き抜く。

3 2段めの1目めに段数リングをつけ、編み進める。

4 2段めを増し目をしながら12目編んだところ。

5 3段めの1目めを前段の1目め（段数リングの目）に編む。

6 編み図に従って編んだところ。

★ラッコの頭とボディを巻きかがる

綿を詰めた頭とボディを巻きかがる。頭の目はボディの倍あるので、ボディ1目分に頭2目分を通してかがる。

★タコの足を編む［中長編み／長編み］

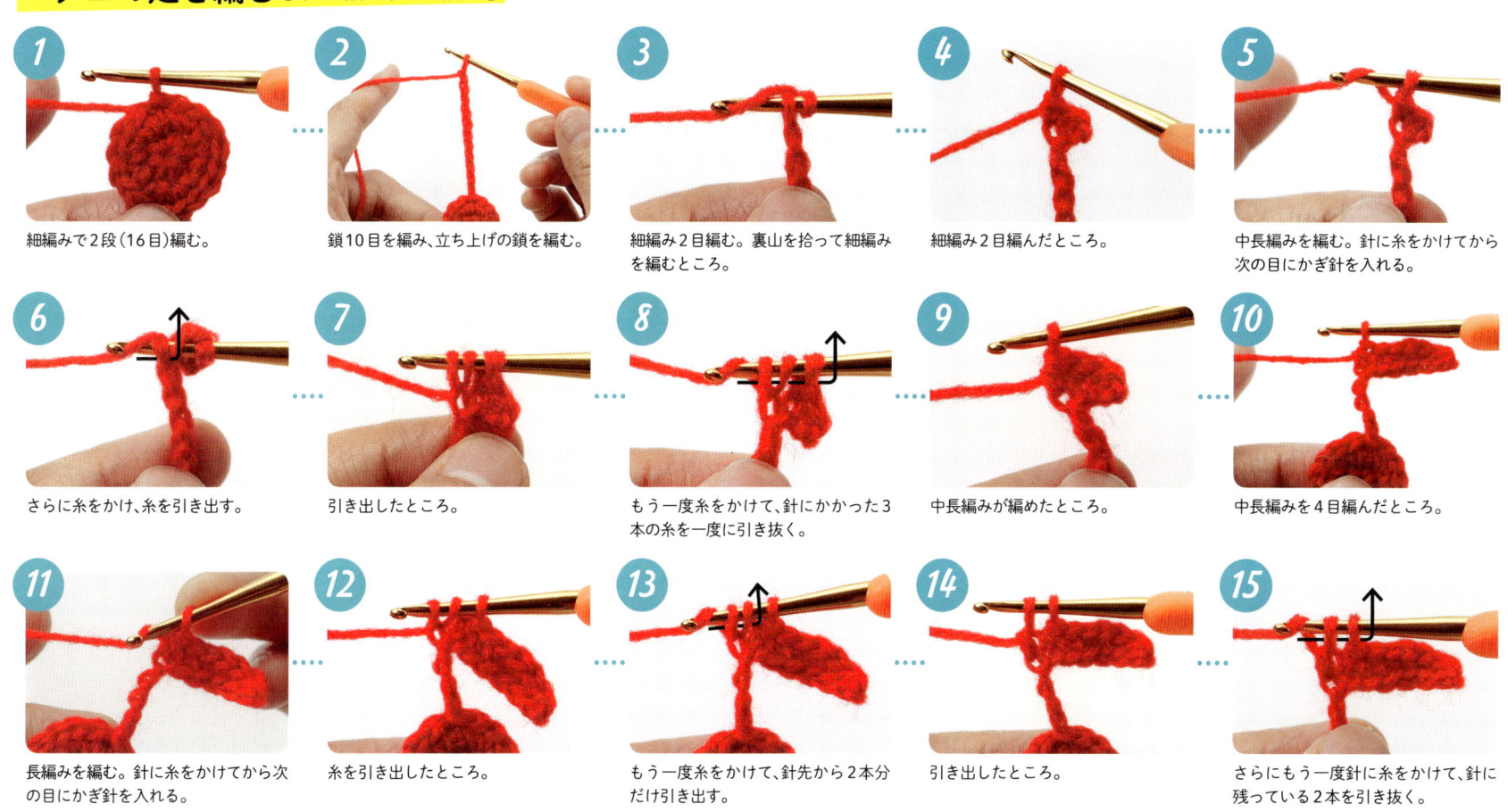

1 細編みで2段（16目）編む。

2 鎖10目を編み、立ち上げの鎖を編む。

3 細編み2目編む。裏山を拾って細編みを編むところ。

4 細編み2目編んだところ。

5 中長編みを編む。針に糸をかけてから次の目にかぎ針を入れる。

6 さらに糸をかけ、糸を引き出す。

7 引き出したところ。

8 もう一度糸をかけて、針にかかった3本の糸を一度に引き抜く。

9 中長編みが編めたところ。

10 中長編みを4目編んだところ。

11 長編みを編む。針に糸をかけてから次の目にかぎ針を入れる。

12 糸を引き出したところ。

13 もう一度糸をかけて、針先から2本分だけ引き出す。

14 引き出したところ。

15 さらにもう一度針に糸をかけて、針に残っている2本を引き抜く。

39

16 長編みが編めたところ。

17 1模様編んだところ。

18 編み終わりは2段めの2目めに針を入れ、糸をかけて引き抜く。

19 引き抜いたところ。❷〜と同様に模様編みを編む。

20 8模様編んだところ。

★マグネット用作品の目をつける場合

1 接着剤をつけた目のパーツを刺し込む。

2 マグネットが入るよう、爪切り（またはニッパー）で余分のボタン足をカットする。

40

あみあみ水族館にでてくる 作品の作り方

- 編み方やパーツのまとめ方は 28 ページからの「あみぐるみの作り方」を参照してください。
- 丸いボディの作品の多くは共通のパーツ（編み図）を使って作ります。
  作り方ページに編み図が掲載されていないパーツは 42 ページの共通パーツを参照してください。
- 編み方は編み目の記号で紹介しています。編み目記号については 70 ページに掲載しています。
- 作品のできあがり寸法は目安です。編む手加減によって大きさが変わります。
- 用具はかぎ針の太さ（号数）のみ指示をしています。そのほか共通して必要なものは 29 ページを確認してご用意ください。

共通パーツ

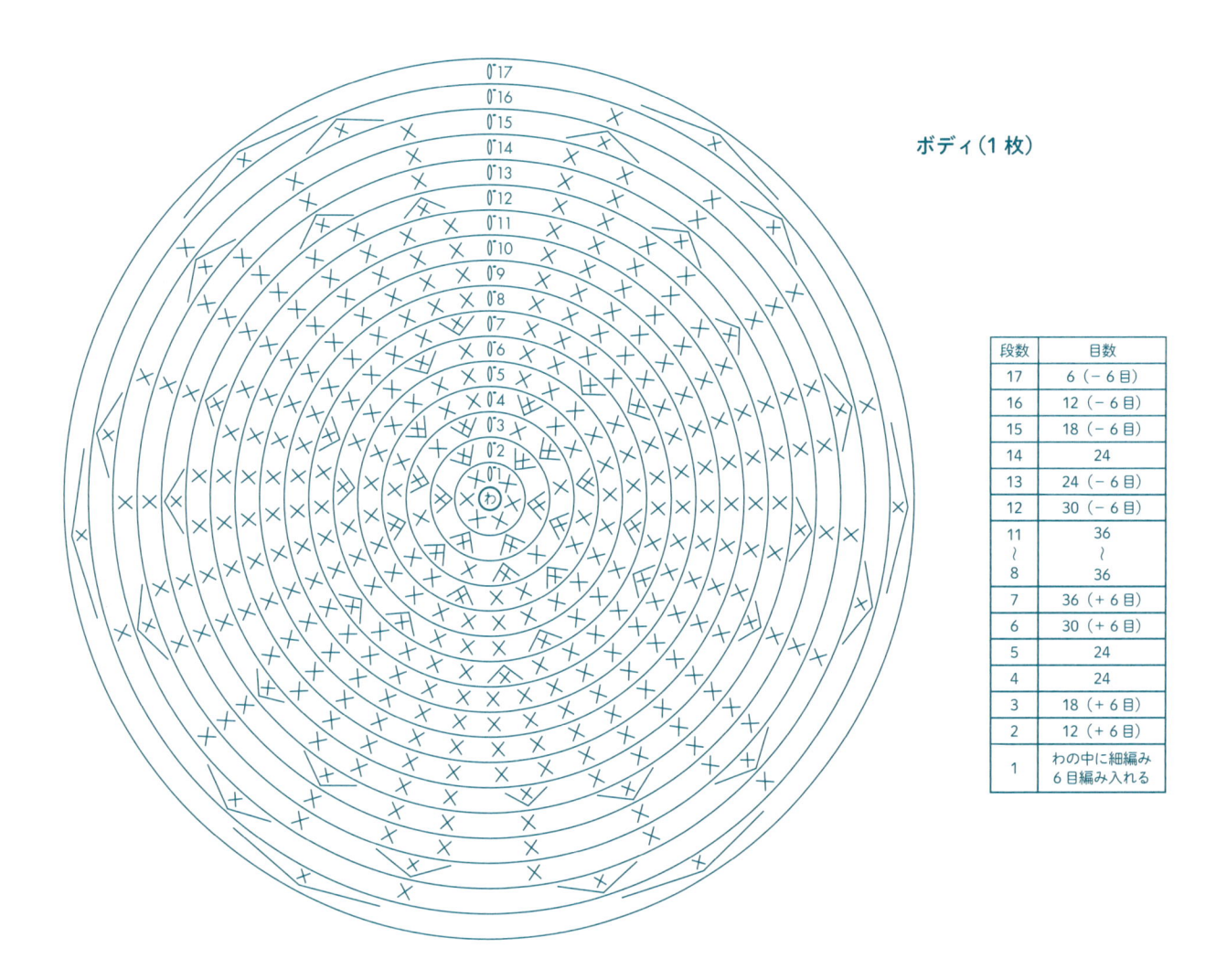

ボディ（1枚）

段数	目数
17	6（－6目）
16	12（－6目）
15	18（－6目）
14	24
13	24（－6目）
12	30（－6目）
11〜8	36〜36
7	36（＋6目）
6	30（＋6目）
5	24
4	24
3	18（＋6目）
2	12（＋6目）
1	わの中に細編み6目編み入れる

胸びれ（2枚）

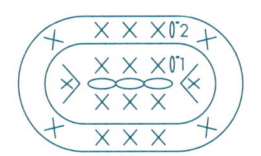

段数	目数
2	10
1	10
作り目	鎖3目で作り目する

背びれ（1枚）

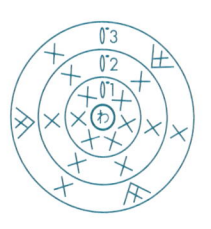

段数	目数
3	9（+3目）
2	6
1	わの中に細編み6目編み入れる

尾びれa（2枚）

段数	目数
2	12（+6目）
1	わの中に細編み6目編み入れる

尾びれb（1枚）

段数	目数
2	5
1	わの中に細編み5目編み入れる

カクレクマノミ Clown anemonefish *photo…p.6,7*

［材料］

✳︎ 糸
ピッコロ……オレンジ（7）4g、白（1）3g

✳︎ 付属品
エクセレントグラスアイ（6mm）トパーズ・2個

✳︎ その他
綿

［用具］

かぎ針4/0号

［作り方］ *糸は1本どりで編む

1. 各パーツを編む。
2. ボディに綿を入れ、ボディと尾びれを巻きかがる。
3. 目を接着剤でつける。
4. 胸びれ、背びれ①②、尻びれをボディに巻きかがる。

まとめ方

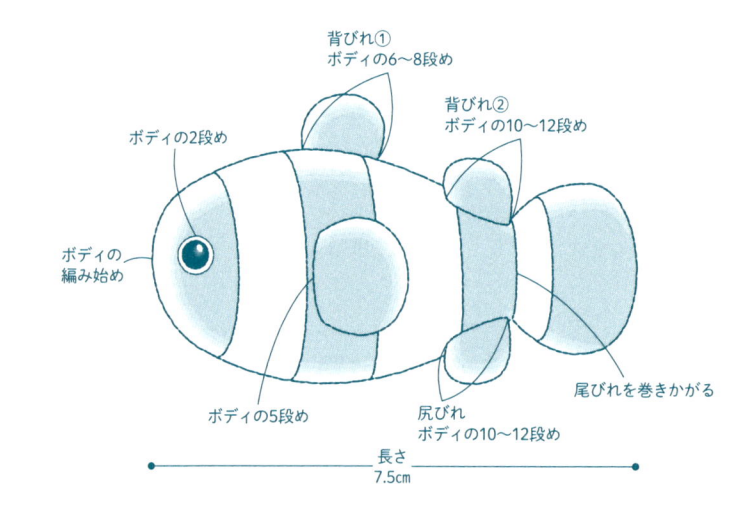

- 背びれ① ボディの6〜8段め
- 背びれ② ボディの10〜12段め
- ボディの2段め
- ボディの編み始め
- ボディの5段め
- 尻びれ ボディの10〜12段め
- 尾びれを巻きかがる
- 長さ 7.5cm

背びれ①（1枚）オレンジ

段数	目数
2	6（+2目）
1	わの中に細編み 4目編み入れる

背びれ②、尻びれ（各1枚）オレンジ

わの中に細編み 6目編み入れる

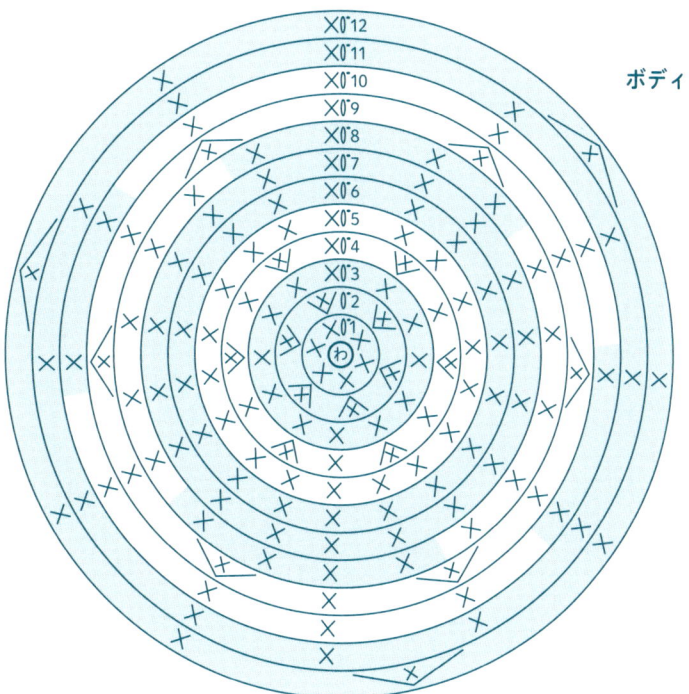

ボディ（1枚） □オレンジ □白

段数	目数
12	9（−3目）
11	12
10	12
9	12（−6目）
8〜3	18
4	18（+6目）
3	12
2	12（+6目）
1	わの中に細編み6目編み入れる

胸びれ（2枚） オレンジ

段数	目数
3	5（−4目）
2	9（+3目）
1	わの中に細編み6目編み入れる

尾びれ（1枚） □オレンジ □白

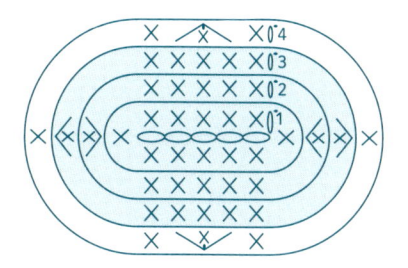

段数	目数
4	8（−4目）
3	12（−2目）
2	14（+2目）
1	12
作り目	鎖5目で作り目する

タコ Octopus photo...p.8

[材料]

✻ 糸
ピッコロ……赤 (6) 12g

✻ 付属品
ソリッドアイ (6mm) 黒・2個

✻ その他
綿

[用具]

かぎ針4/0号

[作り方] ＊糸は1本どりで編む

1. 各パーツを編む。
2. ボディに綿を入れ、最終段の残り目に糸を通して絞ってとめる。
3. 目を接着剤でつけ、口をかがる。
4. 足をボディに巻きかがる。

共通パーツ (p.42) 使用

ボディ (1枚) ……赤で編む。

まとめ方

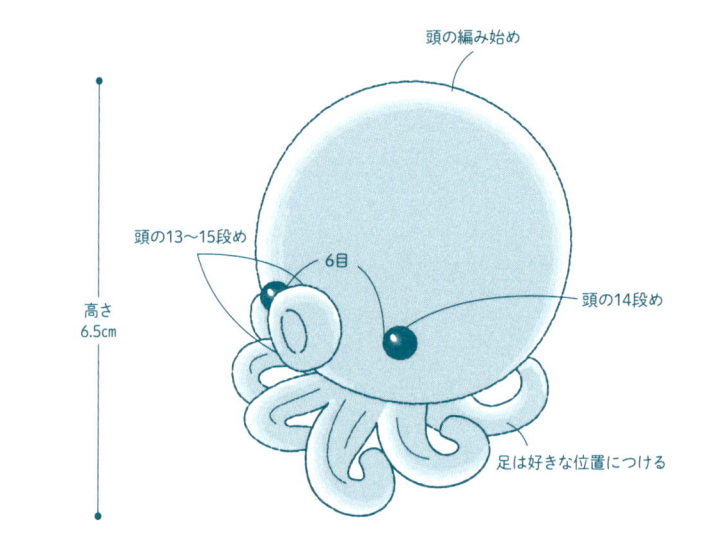

頭の編み始め
頭の13〜15段め
6目
頭の14段め
高さ 6.5cm
足は好きな位置につける

足 (1枚) 赤

段数	目数
3	8模様
2	16 (+8目)
1	わの中に細編み8目編み入れる

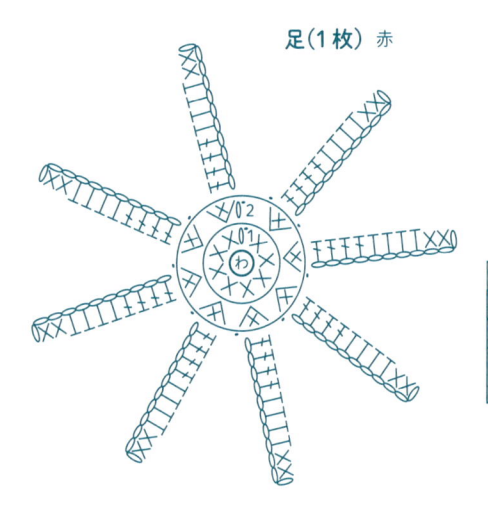

口 (1枚) 赤

段数	目数
2	9 (+3目)
1	わの中に細編み6目編み入れる

フグ Puffer　photo…p.9

[材料]

✽ 糸

青
ピッコロ……A色・青(13) 7g、白(1) 7g、山吹(25) 5g、水色(12)少々

緑
ピッコロ……A色・緑(24) 7g、白(1) 7g、山吹(25) 5g、黄色(42)少々

✽ 付属品
クリスタルアイ(10.5mm)クリア・各2個

✽ その他
綿、修正液

[用具]

かぎ針4/0号

[作り方] ＊糸は1本どりで編む

1. 各パーツを編む。
2. ボディに綿を入れ、最終段の残り目に糸を通して絞ってとめる。
3. 目の裏側を修正液で塗り、毛糸でボディにつける。
4. 口と胸びれ、尾びれをボディに巻きかがる。
5. ボディに斑点の刺しゅうをする。

共通パーツ (p.42) 使用

ボディ(1枚)……1〜9段めはA色で、10〜17段めは白で編む。

まとめ方

水色、または黄色の毛糸でフレンチノットを刺しゅうする
ボディの8段め
10目
高さ6cm
ボディの編み始め
ボディの7〜8段め
ボディの9〜11段め

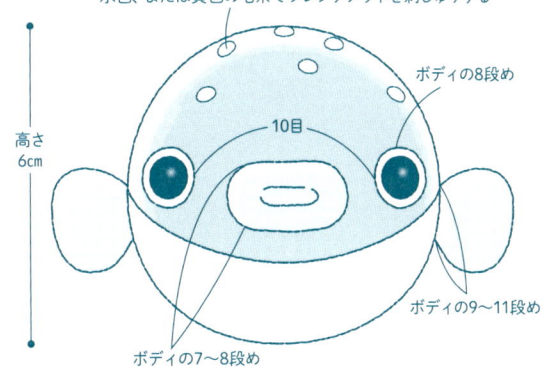

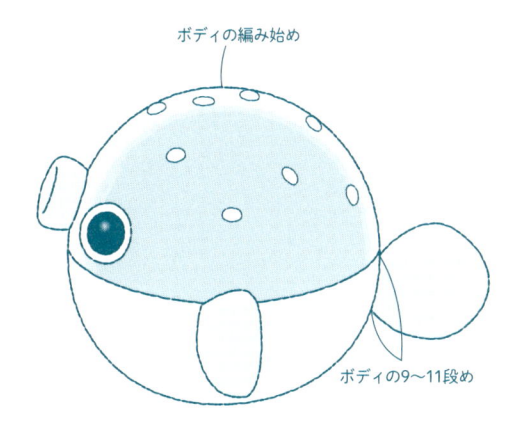

胸びれ(2枚) 山吹

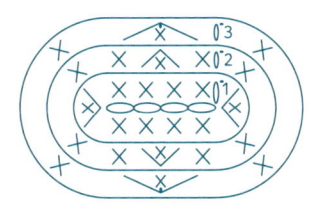

段数	目数
3	6 (−4目)
2	10 (−2目)
1	12
作り目	鎖4目で作り目する

尾びれ(1枚) 山吹

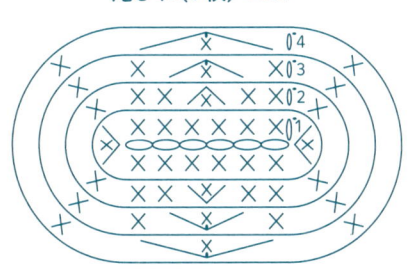

段数	目数
4	6 (−4目)
3	10 (−4目)
2	14 (−2目)
1	16
作り目	鎖6目で作り目する

口(1枚) 山吹

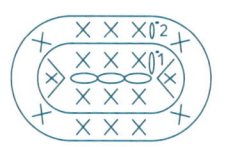

段数	目数
2	10
1	10
作り目	鎖3目で作り目する

アナゴ（ニシキアナゴ・チンアナゴ） Conger

photo...p.10,11

[材料]

❋ 糸

チンアナゴ
ピッコロ……白（1）3g
ティノ……黒（15）2g

ニシキアナゴ
ピッコロ……山吹（25）3g、白（1）2g
ティノ……黒（15）少々

❋ 付属品
ソリッドアイ（4mm）黒・各2個

❋ その他
綿

[用具]

かぎ針4/0号、レース針2/0号（チンアナゴのみ）

[作り方] ＊糸は1本どりで編む

1. ボディを編む。長さ（段数）は、編み図と段数表を参考に好みで調整する。
2. ボディに綿を入れ、最終段の残り目に糸を通し、絞ってとめる。
3. 目を接着剤でつけ、口の刺しゅうをする。
4. チンアナゴは斑点を編んでボディに巻きかがり、小さな斑点の刺しゅうをする。

まとめ方

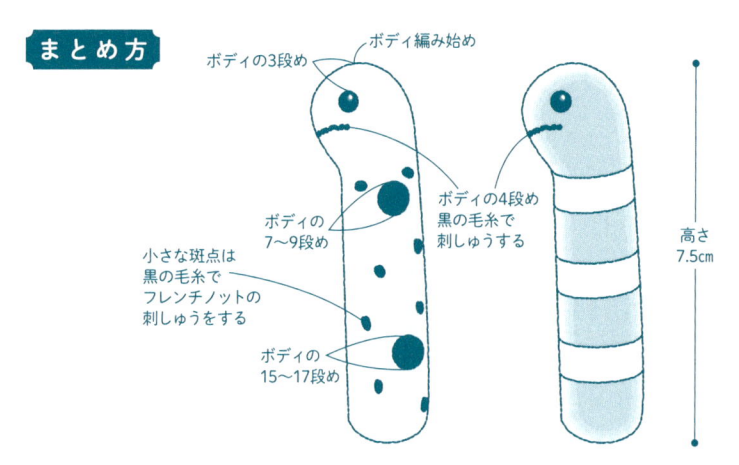

- ボディ編み始め
- ボディの3段め
- ボディの4段め 黒の毛糸で刺しゅうする
- ボディの7～9段め
- 小さな斑点は黒の毛糸でフレンチノットの刺しゅうをする
- ボディの15～17段め
- 高さ 7.5cm

チンアナゴの斑点（4枚）黒

わの中に細編み8目編み入れる

ボディ（各1枚）配色表参照

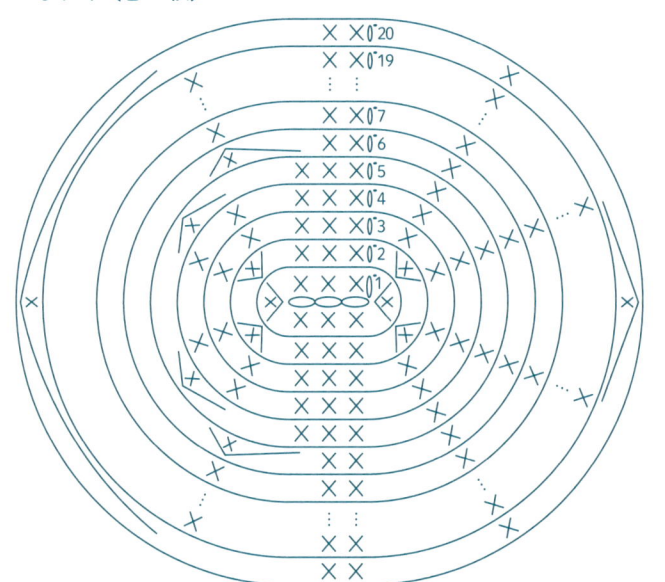

配色表

段数	目数	ニシキアナゴ	チンアナゴ
20	8（−2目）	山吹	白
19	10	山吹	白
18	10	山吹	白
17	10	白	白
16	10	白	白
15	10	山吹	白
14	10	山吹	白
13	10	白	白
12	10	白	白
11	10	山吹	白
10	10	山吹	白
9	10	白	白
8	10	白	白
7	10	山吹	白
6	10（−2目）	山吹	白
5	12（−2目）	山吹	白
4	14	山吹	白
3	14	山吹	白
2	14（+4目）	山吹	白
1	10	山吹	白
作り目	鎖3目で作り目する		

提灯アンコウ Angler fish photo…p.12

[材料]

✻ 糸
ピッコロ……ベージュ(38)12g、茶(21)7g、黄色(8)2g、こげ茶(17)少々

✻ 付属品
ソリッドアイ(6mm)黒・2個

✻ その他
綿

[用具]
かぎ針4/0号

[作り方] *糸は1本どりで編む

1. 各パーツを編む。
2. ボディに綿を入れ、最終段の残り目に糸を通し、絞ってとめる。
3. 誘引突起①に綿を入れ、誘引突起②と縫い合わせる。
4. 目を接着剤でつける。
5. 口、誘引突起②、胸びれ、背びれ、尾びれ、臀びれをボディに巻きかがる。
6. ボディに斑点の刺しゅうをする。

共通パーツ(p.42)使用

ボディ(1枚)……ベージュで編む。
胸びれ(2枚)……[フグ・胸びれ(p.47)]の編み図で茶で編む。
背びれ(1枚)……[サメ・第2背びれ(p.51)]の編み図で茶で編む。
尾びれ(1枚)……[フグ・尾びれ(p.47)]の編み図で茶で編む。
臀びれ(1枚)……[サメ・第2背びれ(p.51)]の編み図で茶で編む。

まとめ方

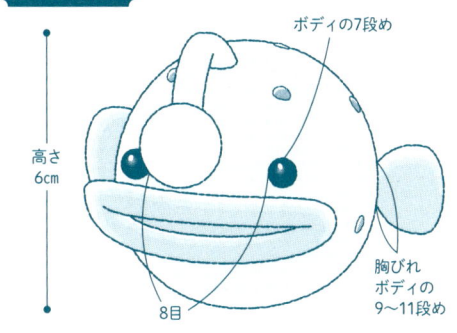

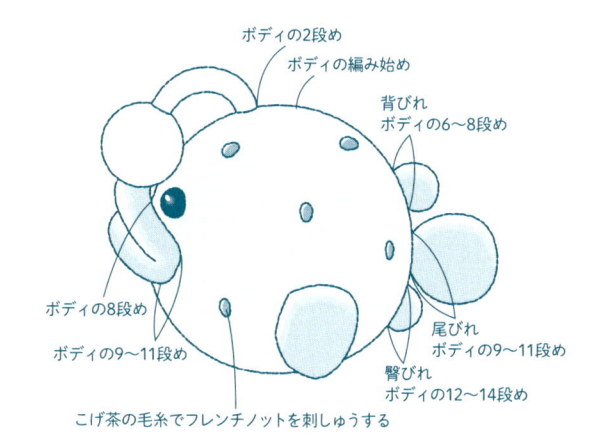

- ボディの2段め
- ボディの編み始め
- ボディの7段め
- 背びれ ボディの6〜8段め
- 高さ 6cm
- 8目
- 胸びれ ボディの9〜11段め
- ボディの8段め
- ボディの9〜11段め
- 尾びれ ボディの9〜11段め
- 臀びれ ボディの12〜14段め
- こげ茶の毛糸でフレンチノットを刺しゅうする

口(1枚) 茶

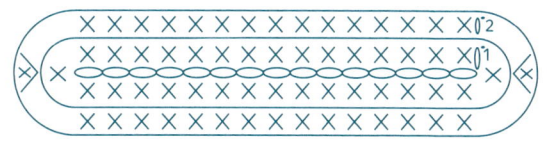

段数	目数
2	34 (+2目)
1	32
作り目	鎖15目で作り目する

誘引突起①(1枚) 黄色

段数	目数
4	5 (-5目)
3	10
2	10 (+5目)
1	わの中に細編み5目編み入れる

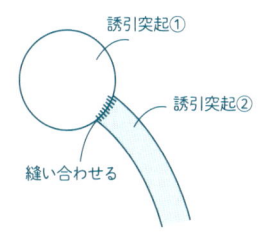

誘引突起②(1枚) ベージュ

- 誘引突起①
- 誘引突起②
- 縫い合わせる

クラゲ Jelly fish　photo…p.13

[材料]

❋糸
親
ピッコロ……白(1) 8g
子
フォープライ……白(1) 4g

❋付属品
親
ソリッドアイ(4.5mm)黒・2個
子
ソリッドアイ(2mm)黒・2個

[用具]

かぎ針4/0号(親)、かぎ針3/0号(子)

[作り方] ＊糸は1本どりで編む

1. ボディを編む。親は4/0号で、子は3/0号で編む。
2. 目を接着剤でつける。
3. 12段めを内側に入れ込む。

まとめ方

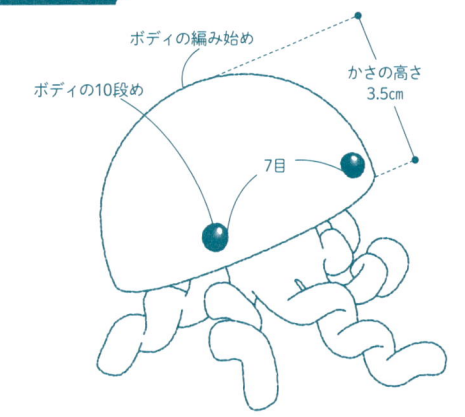

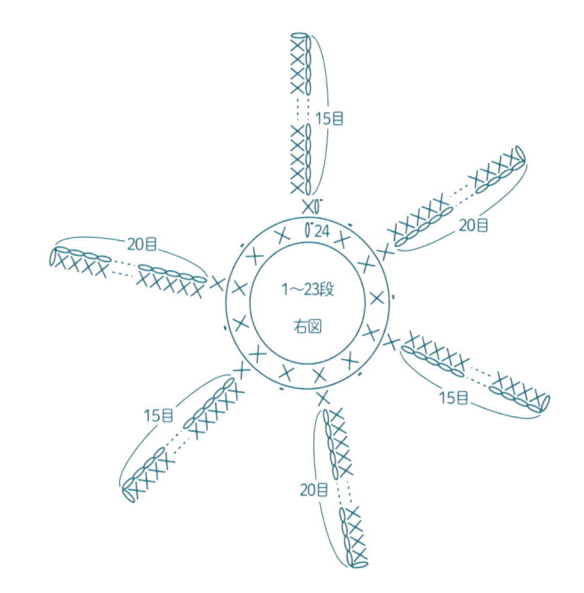

ボディの編み始め
ボディの10段め
かさの高さ 3.5cm
7目
15目
20目
1〜23段 右図
15目
20目

ボディ(1枚) 白

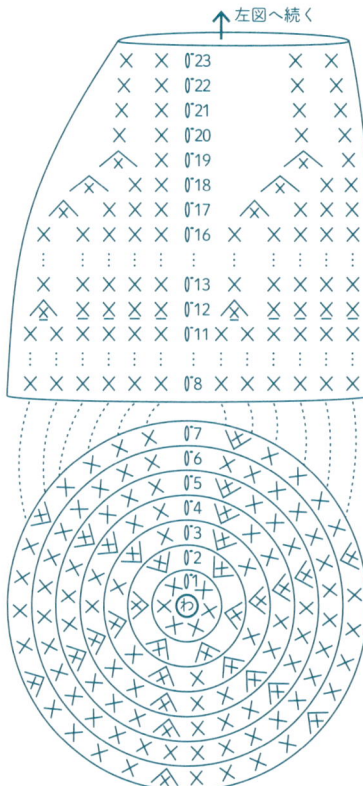

↑左図へ続く

段数	目数
24	6模様
23〜20	12〜12
19	12 (−6目)
18	18 (−6目)
17	24 (−6目)
16〜13	30〜30
12	30 (−6目)
11〜8	36〜36
7	36 (+6目)
6	30
5	30 (+6目)
4	24 (+6目)
3	18 (+6目)
2	12 (+6目)
1	わの中に細編み6目編み入れる

シュモクザメ・ホオジロザメ・ジンベエザメ Shark photo…p.14,15

［材料］

＊糸

シュモクザメ
ピッコロ……A色・薄グレー(33)12g、白(1)7g

ホオジロザメ
ピッコロ……A色・紫(31)または濃グレー(34)9g、
白(1)6g

ジンベエザメ
ピッコロ……A色・濃水色(23)9g、白(1)6g
ティノ……白(1)3g

＊付属品

ソリッドアイ(6mm)黒・各2個

＊その他

綿、刺しゅう糸(黒)6本どり、またはティノ(黒・15)

［用具］

かぎ針4/0号、レース針2/0号(ジンベイザメのみ)

［作り方］ ＊糸は1本どりで編む

1. 各パーツを編む。
2. ボディに綿を入れ、最終段の残り目に糸を通し、絞ってとめる。
3. 目を接着剤でつける。
4. 胸びれ、腹びれ、背びれ、尾びれをボディに巻きかがる。ジンベエザメは斑点を、シュモクザメは目を巻きかがる。

共通パーツ(p.42)使用

ボディ(1枚)……1〜11段めはA色で、12〜17段めは白で編む。
胸びれ(2枚)……A色で編む。
背びれ(1枚)……A色で編む。

尾びれa(1枚) A色

段数	目数
3	18 (＋6目)
2	12 (＋6目)
1	わの中に細編み6目編み入れる

尾びれb(1枚) A色

段数	目数
2	10 (＋5目)
1	わの中に細編み5目編み入れる

尾びれc(1枚) A色

段数	目数
2	5
1	わの中に細編み5目編み入れる

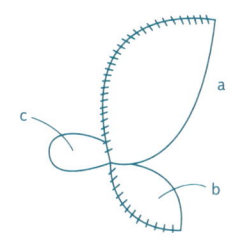

尾びれa、bは裏目を内側にして
半分に折り、残り糸でとじる
a、b、cを縫い合わせる

第2背びれ(1枚) A色
腹びれ(1枚) A色

段数	目数
2	6 (＋2目)
1	わの中に細編み4目編み入れる

シュモクザメの目(2枚) 白、薄グレー

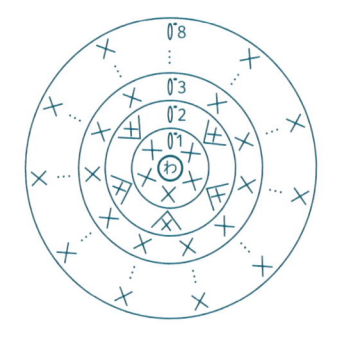

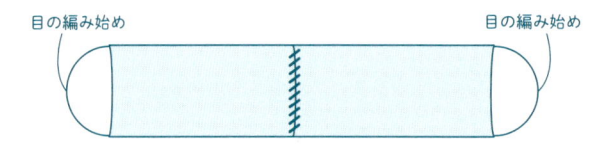

目の編み始め　　　　　目の編み始め

綿を入れ、編み終わりの糸で巻きかがる

段数	目数
8 〜 3	10 〜 10
2	10（+5目）
1	わの中に細編み 5目編み入れる

薄グレー

白

ジンベエザメの斑点(18枚) ティノ・白

わの中に細編み6目編み入れる
2/0号針で編む

まとめ方

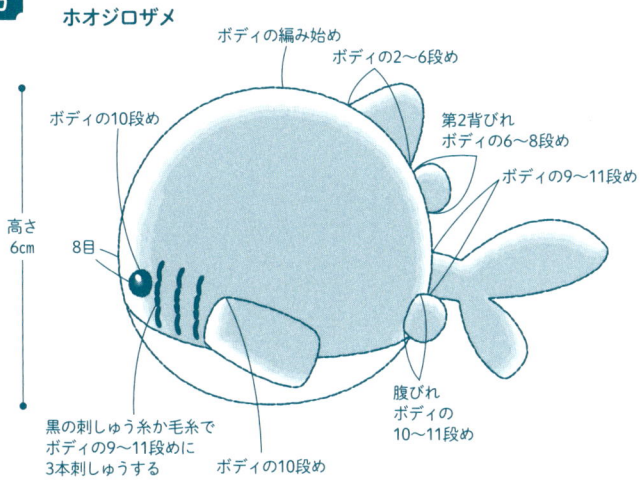

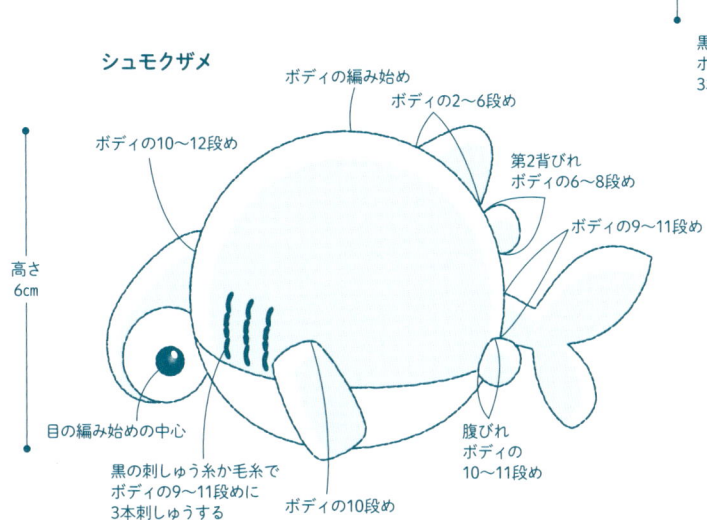

ホオジロザメ

- ボディの編み始め
- ボディの2〜6段め
- ボディの10段め
- 第2背びれ ボディの6〜8段め
- ボディの9〜11段め
- 8目
- 高さ 6cm
- 黒の刺しゅう糸か毛糸でボディの9〜11段めに3本刺しゅうする
- ボディの10段め
- 腹びれ ボディの10〜11段め

ジンベエザメ

- ボディの編み始め
- ボディの2〜6段め
- ボディの10段め
- 第2背びれ ボディの6〜8段め
- ボディの9〜11段め
- 8目
- 高さ 6cm
- 黒の刺しゅう糸か毛糸でボディの9〜11段めに3本刺しゅうする
- ボディの10段め
- 腹びれ ボディの10〜11段め

シュモクザメ

- ボディの編み始め
- ボディの2〜6段め
- ボディの10〜12段め
- 第2背びれ ボディの6〜8段め
- ボディの9〜11段め
- 高さ 6cm
- 目の編み始めの中心
- 黒の刺しゅう糸か毛糸でボディの9〜11段めに3本刺しゅうする
- ボディの10段め
- 腹びれ ボディの10〜11段め

53

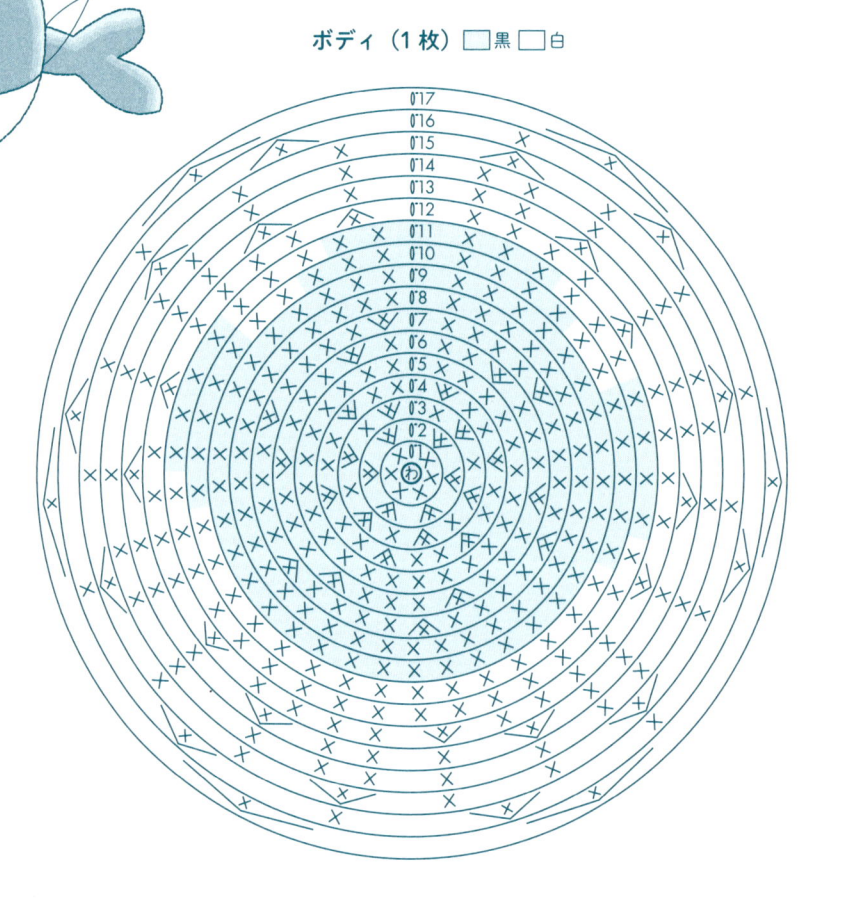

シャチ Orca photo...p.16

[材料]

★ 糸
ピッコロ……黒(20)8g、白(1)9g

★ 付属品
ソリッドアイ(6mm)黒・2個

★ その他
綿

[用具]
かぎ針4/0号

[作り方] *糸は1本どりで編む

1. 各パーツを編む。
2. ボディに綿を入れ、最終段の残り目に糸を通して絞ってとめる。
3. 目を接着剤でつける。
4. 胸びれ、背びれ、尾びれをボディに巻きかがる。
5. ぶち模様abを巻きかがる。

共通パーツ(p.42)使用

胸びれ(2枚)……黒で編む。
背びれ(1枚)……黒で編む。
尾びれa(2枚)……黒で編む。
尾びれb(1枚)……黒で編む。
※尾びれabは縫いつける。

まとめ方

- ボディの編み始め
- ボディの2〜5段目
- ボディの8段目
- ぶち模様b ボディの5〜7段目
- ボディの9〜11段目
- 高さ6cm
- 10目
- ぶち模様a ボディの6〜9段目
- ボディの9段目

ぶち模様a(1枚) 白

段数	目数
1	8
作り目	鎖2目で作り目する

※編み目の裏側を表に使用する

ぶち模様b(1枚) 白

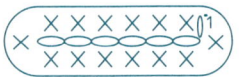

段数	目数
1	14
作り目	鎖6目で作り目する

※編み目の裏側を表に使用する

ボディ(1枚) ☐黒 ☐白

54

クジラ Whale photo...p.17

[材料]

✲ 糸
ピッコロ……紺(36)9g、ターコイズ(43)1g、白(1)3g、濃グレー(34)少々

✲ 付属品
ソリッドアイ(6mm)黒・2個

✲ その他
綿

[用具]
かぎ針4/0号

[作り方] *糸は1本どりで編む

1. 各パーツを編む。
2. ボディに綿を入れ、最終段の残り目に糸を通して絞ってとめる。
3. 目を接着剤でつける。
4. 口を刺しゅうする。
5. 胸びれ、尾びれ、潮をボディに巻きかがる。

共通パーツ(p.42)使用

胸びれ(2枚)……紺で編む。
尾びれa(2枚)……紺で編む。
尾びれb(1枚)……紺で編む。
※尾びれabは縫いつける。

まとめ方

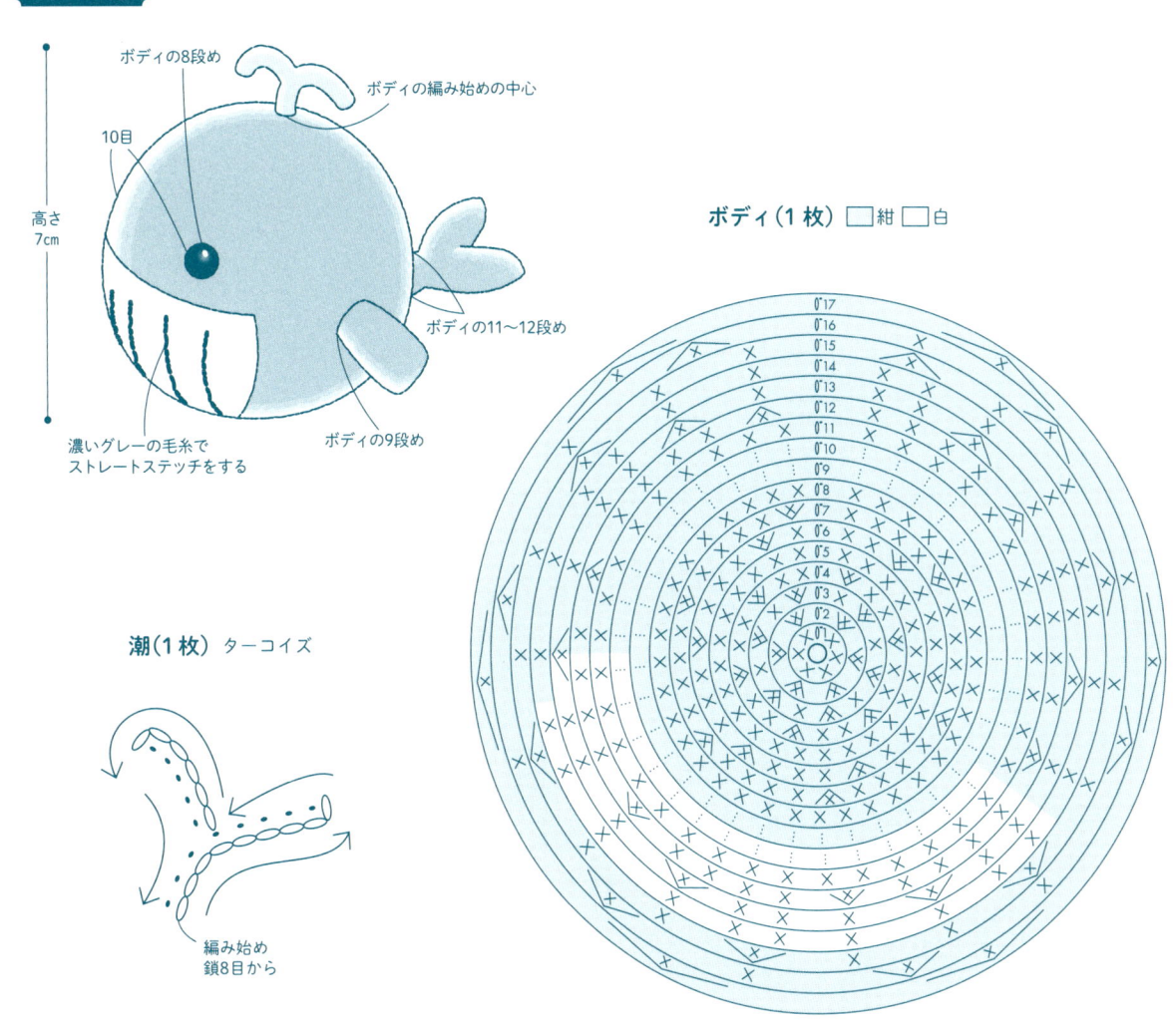

高さ7cm

ボディの8段め
ボディの編み始めの中心
10目
ボディの11〜12段め
濃いグレーの毛糸でストレートステッチをする
ボディの9段め

潮(1枚) ターコイズ
編み始め鎖8目から

ボディ(1枚) ☐紺 ☐白

イルカ Dolphin *photo...p.18,19*

[材料]

✱ 糸
水色
ピッコロ……A色・水色(12) 9g、白(1) 6g
ピンク
ピッコロ……A色・ピンク(4) 9g、白(1) 6g

✱ 付属品
ソリッドアイ(6mm)黒・各2個

✱ その他
綿、刺しゅう糸(黒)3本どり、
またはティノ(黒・15)

[用具]
かぎ針4/0号

[作り方] *糸は1本どりで編む

1. 各パーツを編む。
2. ボディに綿を入れ、最終段の残り目に糸を通し、絞ってとめる。
3. 目を接着剤でつける。
4. 口に綿を入れ、ボディに巻きかがり、刺しゅうをする。
5. 胸びれ、背びれ、尾びれをボディに巻きかがる。

共通パーツ(p.42)使用

ボディ(1枚)……1～11段めはA色で、12～17段めは白で編む。
胸びれ(2枚)……A色で編む。
背びれ(1枚)……A色で編む。
尾びれa(2枚)……A色で編む。
尾びれb(1枚)……A色で編む。
※尾びれabは縫いつける。

まとめ方

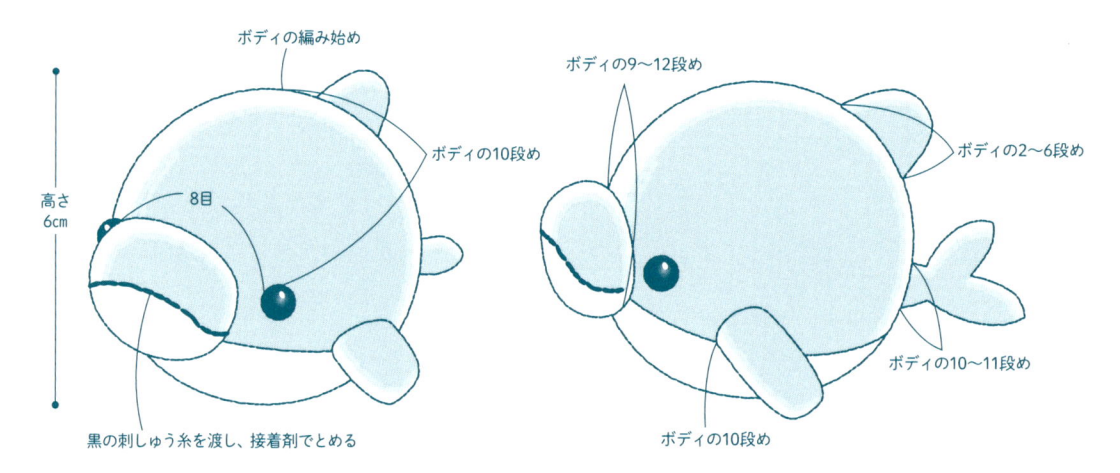

ボディの編み始め
ボディの10段め
高さ6cm
8目
黒の刺しゅう糸を渡し、接着剤でとめる

ボディの9～12段め
ボディの2～6段め
ボディの10～11段め
ボディの10段め

口(1枚) □A色 □白

下側 / 上側

段数	目数
4	16
3	16
2	16 (+2目)
1	14
作り目	鎖6目で作り目する

ヒトデ Starfish　photo...p.20

[材料]

＊糸
ピッコロ……濃ピンク(22)、オレンジ(7)、
ターコイズ(43)各2g

[用具]
かぎ針4/0号

[作り方] ＊糸は1本どりで編む
1　本体を編む。

まとめ方

ボディの編み始め

5cm

ボディ（1枚）

段数	目数
3	5模様
2	10（+5目）
1	わの中に細編み5目編み入れる

※編み目の裏側を表に使用する

ラッコ Sea otter photo...p.20

[材料]

☀ 糸
ピッコロ……ベージュ(38) 7g、こげ茶(17) 7g、白(1) 5g、黒(20) 2g

☀ 付属品
ソリッドアイ(5mm)黒・2個

☀ その他
綿、刺しゅう糸(黒) 2本どり、またはティノ(黒・15)

[用具]

かぎ針4/0号

[作り方] *糸は1本どりで編む

1. 各パーツを編む。
2. 頭とボディ、口に綿を入れる。
3. 口に鼻を巻きかがり、刺しゅうをする。
4. 頭に目を接着剤でつける。
5. 頭に口と耳を巻きかがる。
6. 頭とボディを巻きかがる。
7. 足としっぽをボディに巻きかがる。
8. 貝に綿を入れ、最終段の向かい合う目同士を巻きかがる。
9. 貝に刺しゅうをする。

オットセイのパーツ(p.60)使用

頭(1枚)……ベージュで編む。

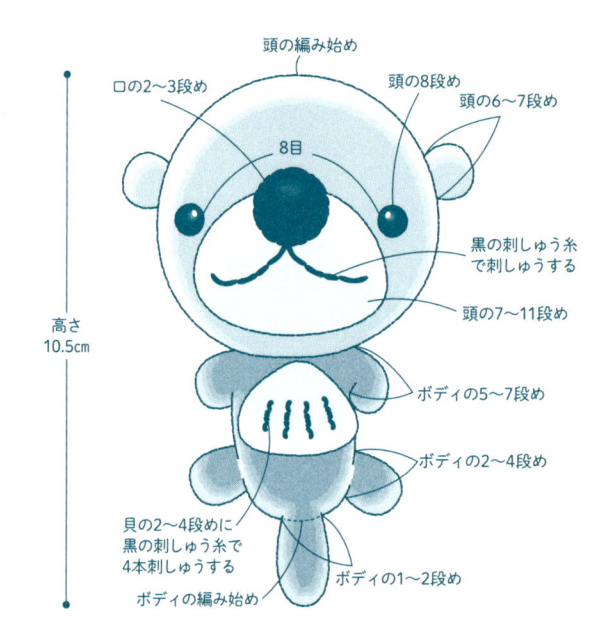

まとめ方

- 頭の編み始め
- 口の2～3段め
- 頭の8段め
- 頭の6～7段め
- 8目
- 黒の刺しゅう糸で刺しゅうする
- 頭の7～11段め
- 高さ 10.5cm
- ボディの5～7段め
- ボディの2～4段め
- 貝の2～4段めに黒の刺しゅう糸で4本刺しゅうする
- ボディの1～2段め
- ボディの編み始め

耳(2枚) こげ茶

段数	目数
2	5
1	わの中に細編み5目編み入れる

鼻(1枚) 黒

段数	目数
2	6
1	わの中に細編み6目編み入れる

※編み目の裏側を表に使用する

ボディ（1枚）こげ茶

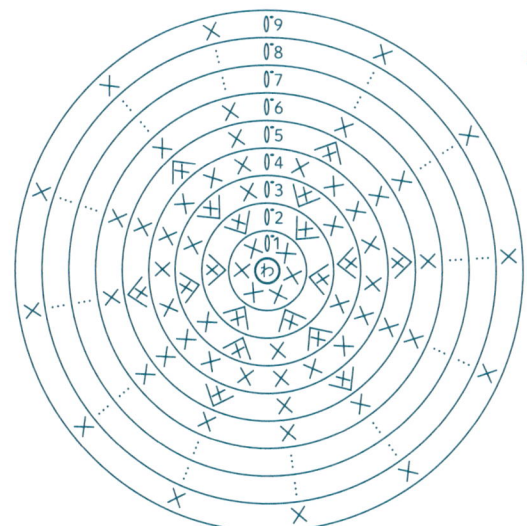

段数	目数
9〜6	12〜12
5	12（−6目）
4	18
3	18（+6目）
2	12（+6目）
1	わの中に細編み6目編み入れる

足（4枚）こげ茶

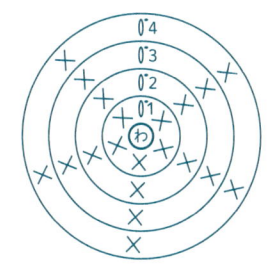

段数	目数
4	5
3	5
2	5
1	わの中に細編み5目編み入れる

貝（1枚）白

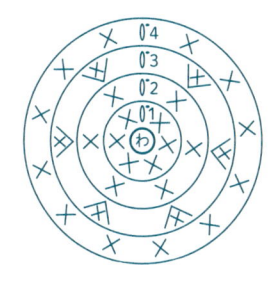

段数	目数
4	12
3	12（+6目）
2	6
1	わの中に細編み6目編み入れる

口（1枚）白

下側 / 上側

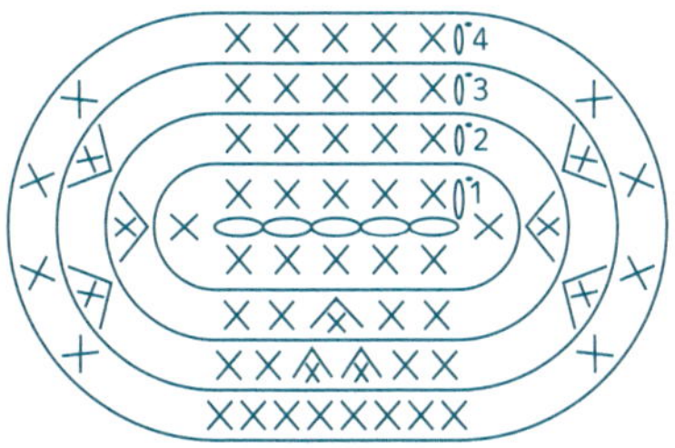

段数	目数
4	21
3	21（+6目）
2	15（+3目）
1	12
作り目	鎖5目で作り目する

※編み目の裏側を表に使用する

尾（1枚）こげ茶

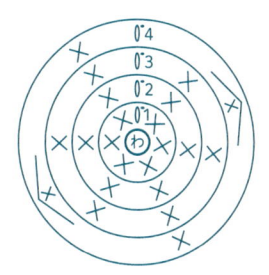

段数	目数
4	4（−2目）
3	6
2	6
1	わの中に細編み6目編み入れる

オットセイ Fur seal *photo...p.22*

[材料]

* 糸
ピッコロ……薄グレー(33) 15g

* 付属品
ソリッドアイ(8mm)黒・2個

* その他
綿、刺しゅう糸(黒)6本どり、
またはティノ(黒・15)

[用具]

かぎ針4/0号

[作り方] *糸は1本どりで編む

1. 各パーツを編む。
2. 頭とボディ、口に綿を入れる。ボディは最終段の残り目に糸を通し、絞ってとめる。
3. 目を接着剤でつける。
4. 頭に口を巻きかがり、刺しゅうをする。
5. 頭をボディに巻きかがる。
6. 前ひれと足ひれをボディに巻きかがる。

まとめ方

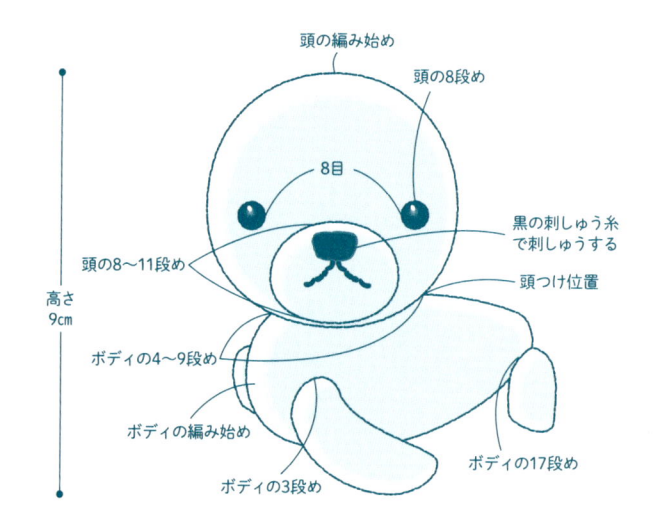

高さ9cm

頭の編み始め / 頭の8段目 / 8目 / 黒の刺しゅう糸で刺しゅうする / 頭の8〜11段目 / 頭つけ位置 / ボディの4〜9段目 / ボディの編み始め / ボディの3段目 / ボディの17段目

前ひれ (2枚) 薄グレー

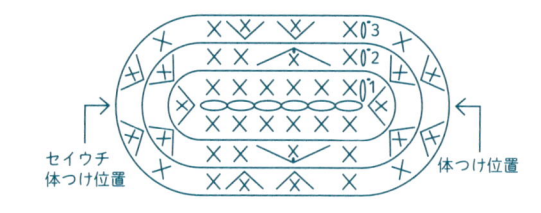

セイウチ体つけ位置 / 体つけ位置

段数	目数
3	24 (+8目)
2	16
1	16
作り目	鎖6目で作り目する

足ひれ (2枚) 薄グレー

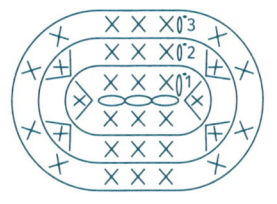

段数	目数
3	14
2	14 (+4目)
1	10
作り目	鎖3目で作り目する

口 (1枚) 薄グレー

段数	目数
3	14
2	14 (+4目)
1	10
作り目	鎖3目で作り目する

※編み目の裏側を表に使用する

頭（1枚） 薄グレー

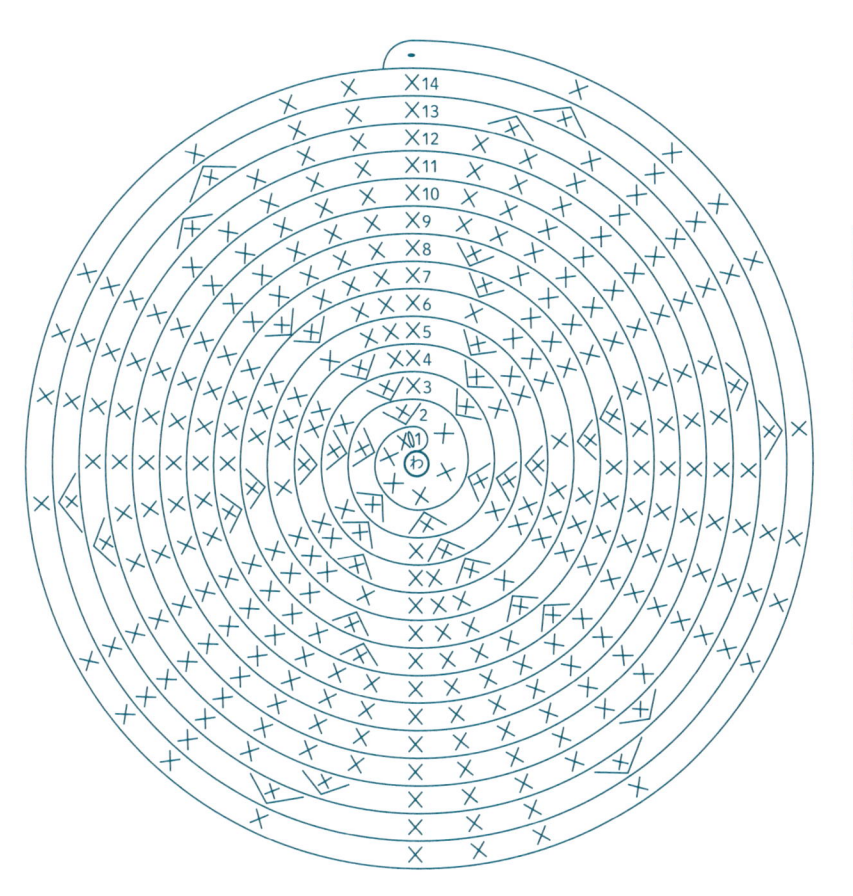

ボディ（1枚） 薄グレー

段数	目数
14	24
13	24（−6目）
12	30（−6目）
11〜8	36
7	36（+6目）
6	30（+6目）
5	24
4	24（+6目）
3	18（+6目）
2	12（+6目）
1	わの中に細編み6目編み入れる

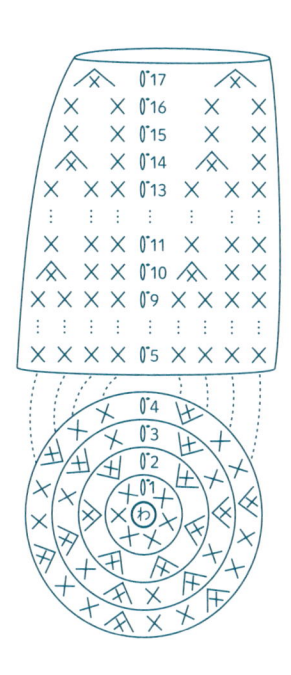

段数	目数
17	6（−6目）
16	12
15	12
14	12（−6目）
13〜11	18
10	18（−6目）
9〜5	24
4	24（+6目）
3	18（+6目）
2	12（+6目）
1	わの中に細編み6目編み入れる

61

セイウチ Walrus photo…p.23

[材料]

✲ 糸
ピッコロ……茶(21) 14g、白(1) 4g

✲ 付属品
ソリッドアイ(6mm)黒・2個
あみぐるみノーズ(12mm)ブラウン・1個

✲ その他
綿

[用具]

かぎ針4/0号

[作り方] *糸は1本どりで編む

1. 各パーツを編む。
2. 頭とボディ、口に綿を入れる。ボディは最終段の残り目に糸を通し、絞ってとめる。
3. 頭に目を接着剤でつける。
4. 口に鼻を接着剤でつけ、牙を巻きかがる。頭に口を巻きかがる。
5. 頭をボディに巻きかがる。
6. 前ひれと足ひれをボディに巻きかがる。

オットセイのパーツ(p.60)使用

頭(1枚)……茶で編む。
ボディ(1枚)……茶で編む。
前ひれ(2枚)……茶で編む。
足ひれ(2枚)……茶で編む。

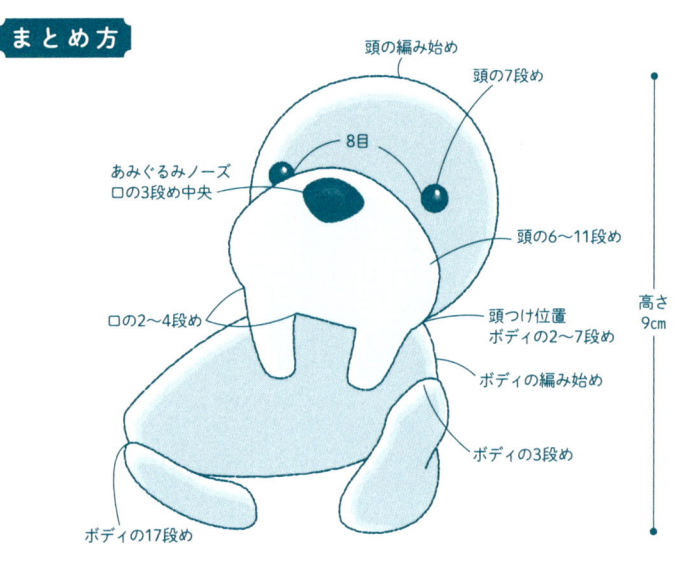

まとめ方

- 頭の編み始め
- 頭の7段め
- 8目
- あみぐるみノーズ 口の3段め中央
- 頭の6〜11段め
- 口の2〜4段め
- 頭つけ位置 ボディの2〜7段め
- ボディの編み始め
- ボディの3段め
- ボディの17段め
- 高さ9cm

牙(2枚) 白

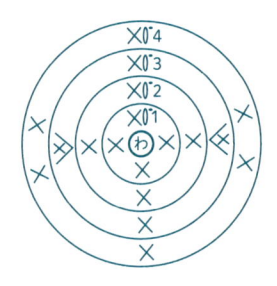

段数	目数
4	6
3	6 (+2目)
2	4
1	わの中に細編み4目編み入れる

口(1枚) 白

下側 / 上側

段数	目数
5	24
4	24
3	24 (−2目)
2	26 (+4目)
1	22
作り目	鎖9目で作り目する

アザラシ Seal *photo…p.21*

[材料]

✳︎ 糸
ピッコロ……白（1）13g

✳︎ 付属品
ソリッドアイ（8mm）黒・2個

✳︎ その他
綿、刺しゅう糸（グレー）2本どり

[用具]
かぎ針4/0号

[作り方] *糸は1本どりで編む

1. 各パーツを編む。
2. ボディに綿を入れ、最終段の残り目に糸を通し、絞ってとめる。
3. 目を接着剤でつける。
4. 口に刺しゅうをして綿を入れ、ボディに巻きかがる。
5. 前ひれと足ひれをボディに巻きかがる。

共通パーツ（p.42）使用

ボディ(1枚)……白で編む。
前ひれ(2枚)……［共通パーツ・胸びれ］の編み図で白で編む。
足ひれ(1枚)……［共通パーツ・尾びれa2枚、尾びれb1枚］の編み図で白で編む。
※尾びれabは縫いつける。

まとめ方

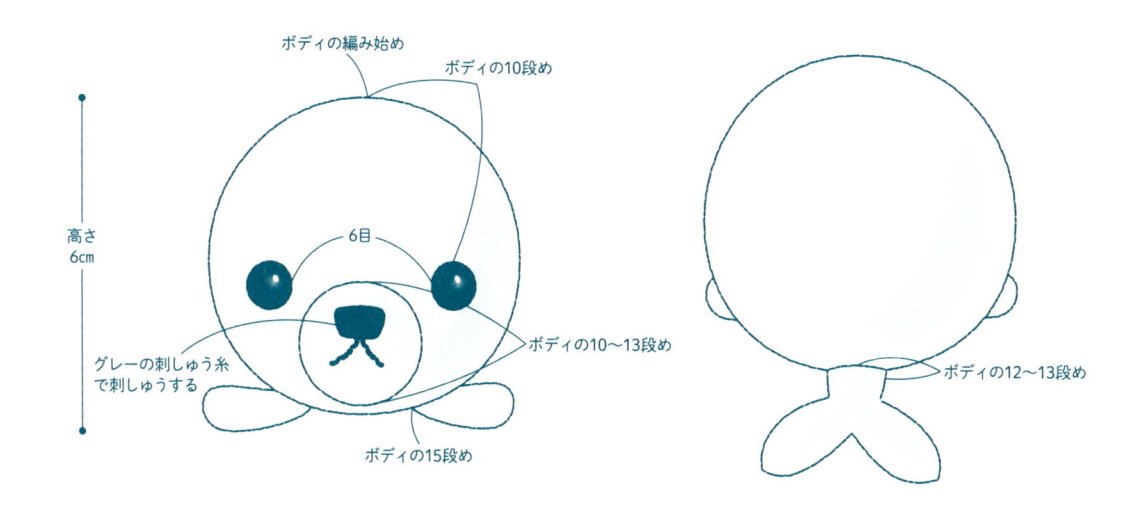

ボディの編み始め
ボディの10段め
高さ 6cm
6目
グレーの刺しゅう糸で刺しゅうする
ボディの10〜13段め
ボディの15段め
ボディの12〜13段め

口（1枚）白

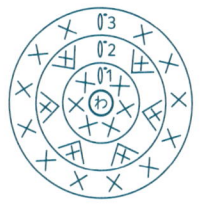

段数	目数
3	12
2	12（+6目）
1	わの中に細編み6目編み入れる

※編み目の裏側を表に使用する

イワトビペンギン Rockhopper Penguin photo…p.24

[材料]

✹ 糸
ピッコロ……黒(20)10g、白(1)3g、朱(26)2g、
薄ピンク(40)2g、黄色(8)少々

✹ 付属品
ソリッドアイ(6mm)黒・2個

✹ その他
綿

[用具]
かぎ針4/0号

[作り方] *糸は1本どりで編む

1. 各パーツを編む。
2. 頭とボディに綿を入れる。
3. 頭に目を接着剤でつける。
4. 頭に口を巻きかがり、飾り羽を縫いつける。
5. 頭をボディに巻きかがる。
6. 手足をボディに巻きかがる。

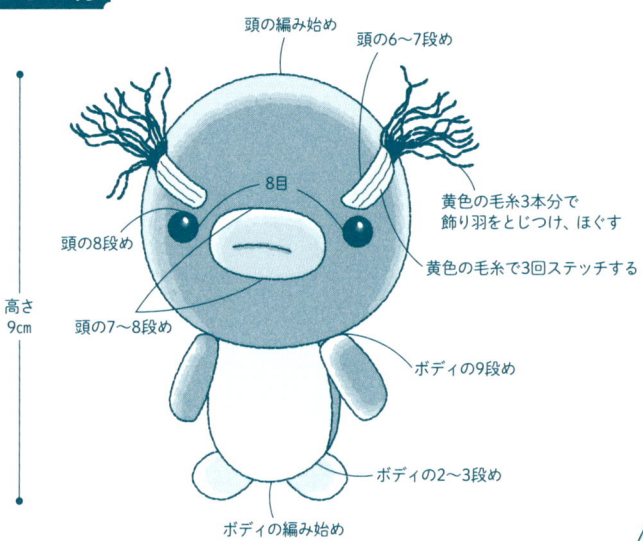

まとめ方

- 頭の編み始め
- 頭の6〜7段め
- 頭の8段め
- 8目
- 頭の7〜8段め
- 黄色の毛糸3本分で飾り羽をとじつけ、ほぐす
- 黄色の毛糸で3回ステッチする
- ボディの9段め
- ボディの2〜3段め
- ボディの編み始め
- 高さ 9cm

ボディ(1枚) □白 □黒

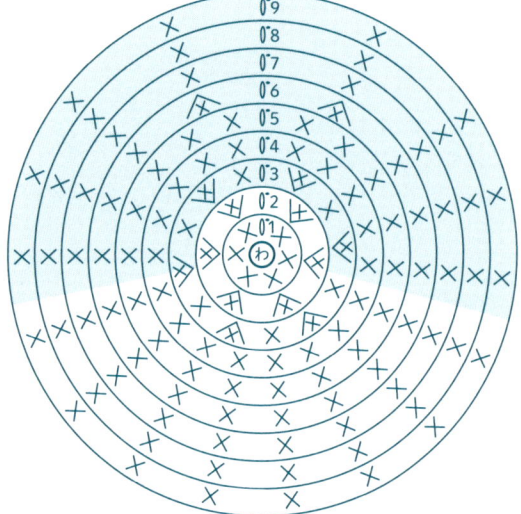

段数	目数
9〜7	16〜16
6	16(−2目)
5	18
4	18
3	18(+6目)
2	12(+6目)
1	わの中に細編み6目編み入れる

頭(1枚) 黒

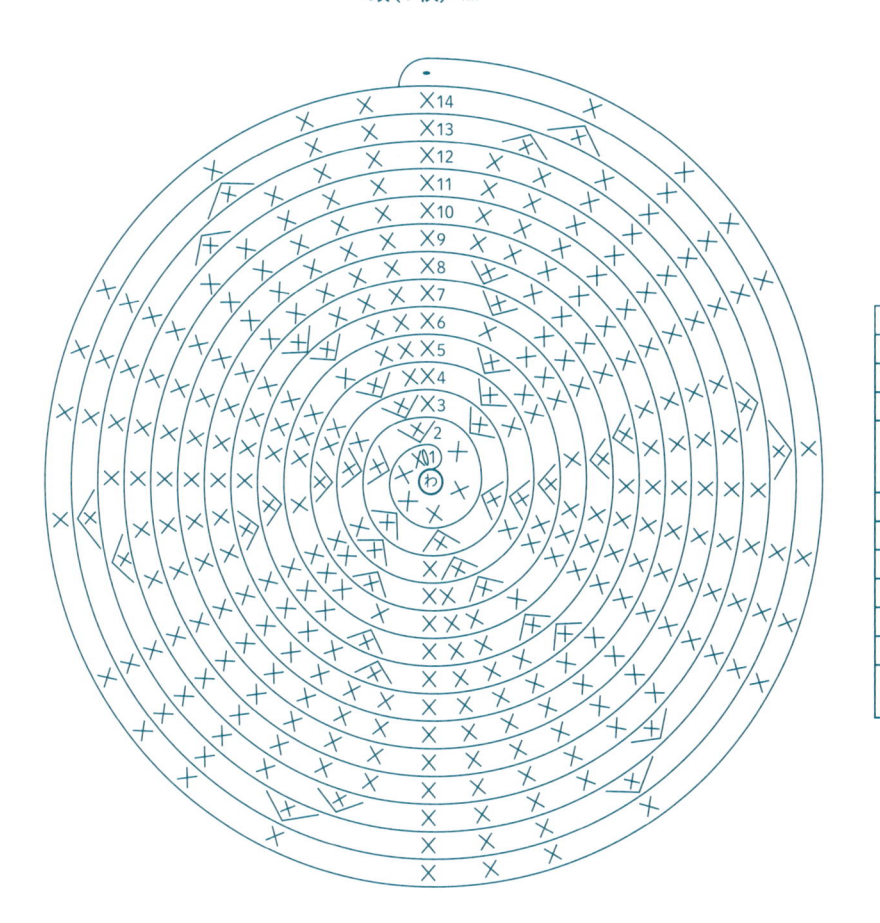

段数	目数
14	24
13	24（－6目）
12	30（－6目）
11	36
~	~
8	36
7	36（＋6目）
6	30（＋6目）
5	24
4	24（＋6目）
3	18（＋6目）
2	12（＋6目）
1	わの中に細編み6目編み入れる

口(1枚) 朱

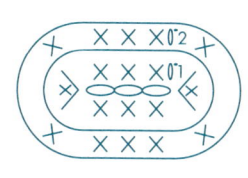

段数	目数
2	10
1	10
作り目	鎖3目で作り目する

※編み目の裏側を表に使用する

手(2枚) 黒

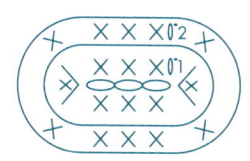

段数	目数
2	10
1	10
作り目	鎖3目で作り目する

足(2枚) 薄ピンク

段数	目数
2	6
1	わの中に細編み6目編み入れる

サンショウウオ Salamander *photo...p.25*

[材料]

✱ 糸
グレー
ピッコロ……濃グレー(34) 7g
紫
ピッコロ……薄紫(14) 7g

✱ 付属品
ソリッドアイ(4mm)黒・各2個

✱ その他
綿

[用具]
かぎ針4/0号

[作り方] *糸は1本どりで編む

1. 各パーツを編む。
2. ボディに綿を入れ、最終段の残り目に糸を通し、絞ってとめる。
3. 目を接着剤でつける。
4. 足の5段めは向かい合う目同士をとじ合わせる。
5. 足をボディに巻きかがる。

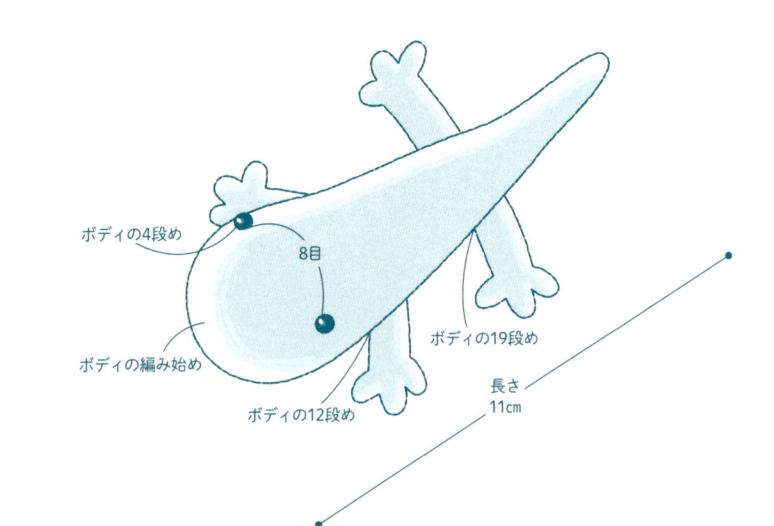

まとめ方

ボディの4段め
8目
ボディの編み始め
ボディの12段め
ボディの19段め
長さ11cm

足(4枚) 濃グレー、または薄紫

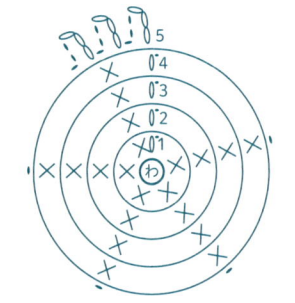

段数	目数
5	模様編み
4〜2	5〜5
1	わの中に細編み5目編み入れる

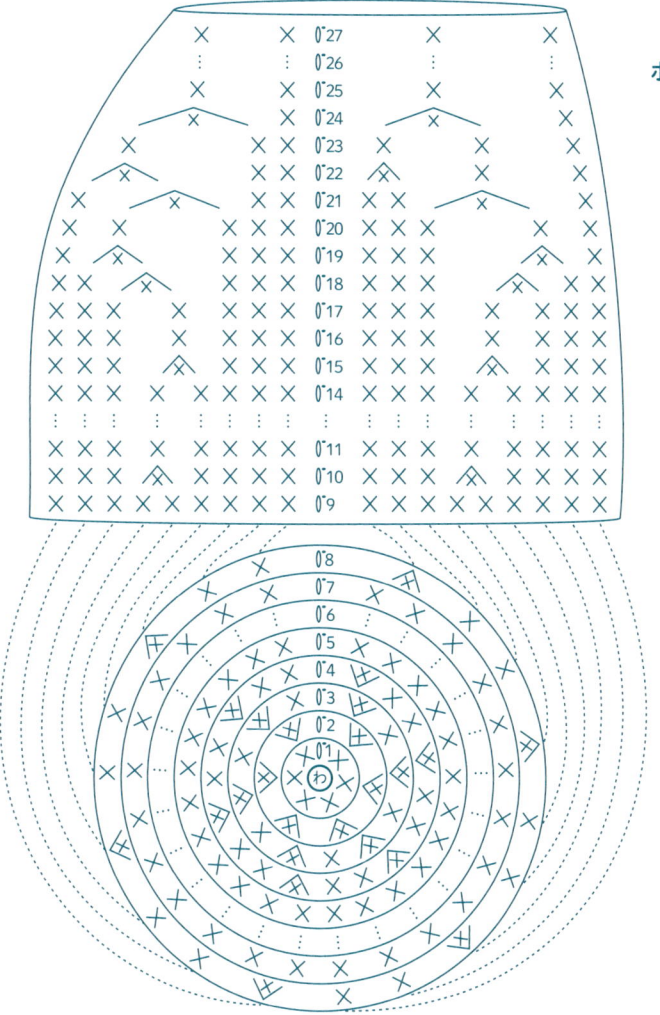

ボディ（1枚） 濃グレー、または薄紫

段数	目数
27〜25	4〜4
24	4（−2目）
23	6
22	6（−2目）
21	8（−2目）
20	10
19	10（−2目）
18	12（−2目）
17	14
16	14
15	14（−2目）
14〜11	16〜16
10	16（−2目）
9	18
8	18（−6目）
7〜5	24〜24
4	24（+6目）
3	18（+6目）
2	12（+6目）
1	わの中に細編み6目編み入れる

67

ウーパールーパー Mexico Salamander

photo…p.26

[材料]

✳︎ 糸
ピンク
ピッコロ……薄ピンク(40)5g、濃ピンク(22)2g
白
ピッコロ……白(1)5g、濃ピンク(22)2g
黒
ピッコロ……濃グレー(34)5g、黒(20)2g
共通
ピッコロ……濃ピンク(22)少々

✳︎ 付属品
ソリッドアイ(5mm)黒・各2個

✳︎ その他
綿、マグネット(直径40mm)

[用具]

かぎ針4/0号

[作り方] *糸は1本どりで編む

1. 各パーツを編む。
2. 目を接着剤でつけ、裏に出たボタン足を爪切りでカットする。
3. 口を刺しゅうし、接着剤で固定する。
4. 頭をマグネットにかぶせる。
5. えらを頭に巻きかがる。

まとめ方

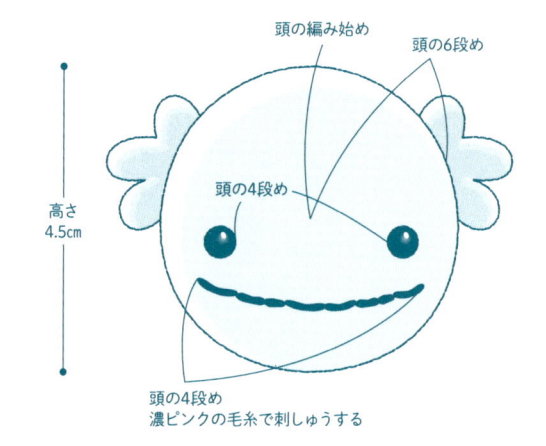

高さ 4.5cm

頭の編み始め
頭の6段め
頭の4段め
頭の4段め 濃ピンクの毛糸で刺しゅうする

頭(1枚) ピンク

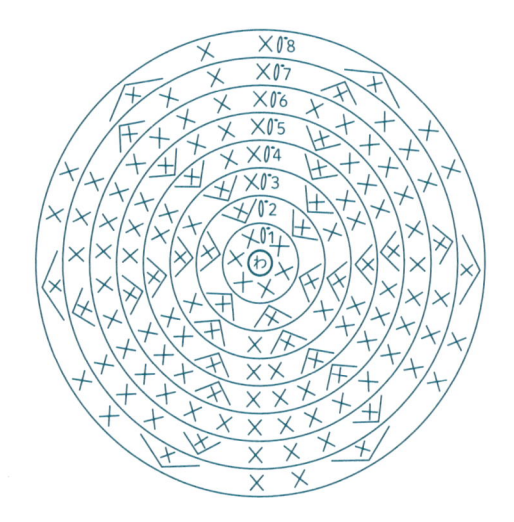

段数	目数
8	18 (－6目)
7	24 (－6目)
6	30
5	30 (＋6目)
4	24 (＋6目)
3	18 (＋6目)
2	12 (＋6目)
1	わの中に細編み6目編み入れる

※編み目の裏側を表に使用する

えら(2枚) 濃ピンク

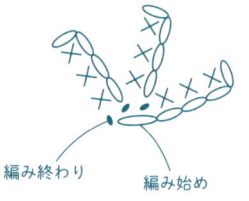

編み終わり　編み始め

ほし☆みつきのあみあみコラム

みなさんは作ったあみぐるみをどうされていますか？
あみあみ水族館で紹介した作品は、すべて手のひらに収まるかわいらしいサイズです。
27ページのアクセサリーアレンジでも紹介していますが、丸カンを本体に縫いつけて、
アクセサリー金具とつなげ、バッグチャームやストラップにするのにもぴったりです。
毎日使う、お財布やキーホルダーと一緒に持つのもいいですね。
もし、チャームとして持ち歩くなら、綿を入れるときに一緒に鈴を入れるのもおすすめです。
プラスチック鈴、通称プラ鈴という手芸用の鈴を選べば、綿と一緒に詰めてもよく鳴ります。
小さなお子さんへのプレゼントに喜ばれそう。鈴を入れるときは、編んでいる途中の早めの段階で入れてくださいね。
まん丸シリーズなら、いくつか作ってモビールにするのはいかがでしょう。
作品を棚などに飾るのもいいですが、モビールなら、ゆらゆら揺れながら空中を楽しげに泳ぐ姿が楽しめます。
この本で主に使っている毛糸（ハマナカピッコロ）は中細タイプの糸ですが、
もう少し細い糸で3号針で編むと、もっと小さくなります。
29ページで紹介しているように、中細タイプの毛糸（4号針）と極細タイプの毛糸（3号針）で編んで
「親子」のセットを作ることもできます。
また、細いラメ糸で編めば、キラキラの大人かわいいチャームもできます。
サンショウウオなどは、ラメ糸で編んでブローチに仕立てるのもいいかなと思っています。
あみあみ水族館の仲間たちを、いろんなアレンジでぜひ楽しんでみてください。

編み目記号と編み方

この本に出てくる基本的な編み目記号と編み方を紹介します。
作り目など編み始めの方法は、「あみぐるみの作り方」（28〜40ページ）を参照してください。

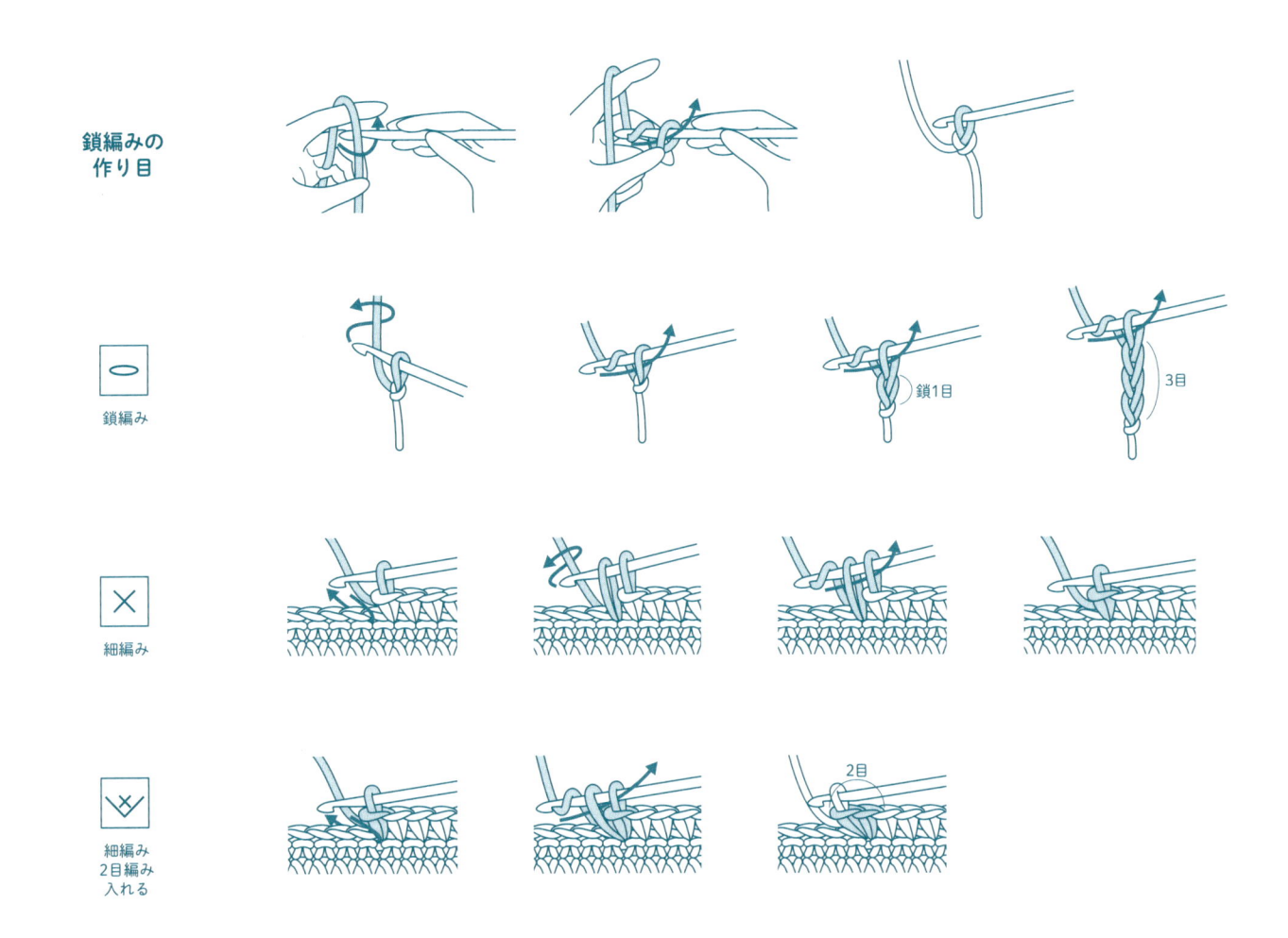

鎖編みの作り目

鎖編み

鎖1目

3目

細編み

細編み2目編み入れる

2目

細編み2目一度

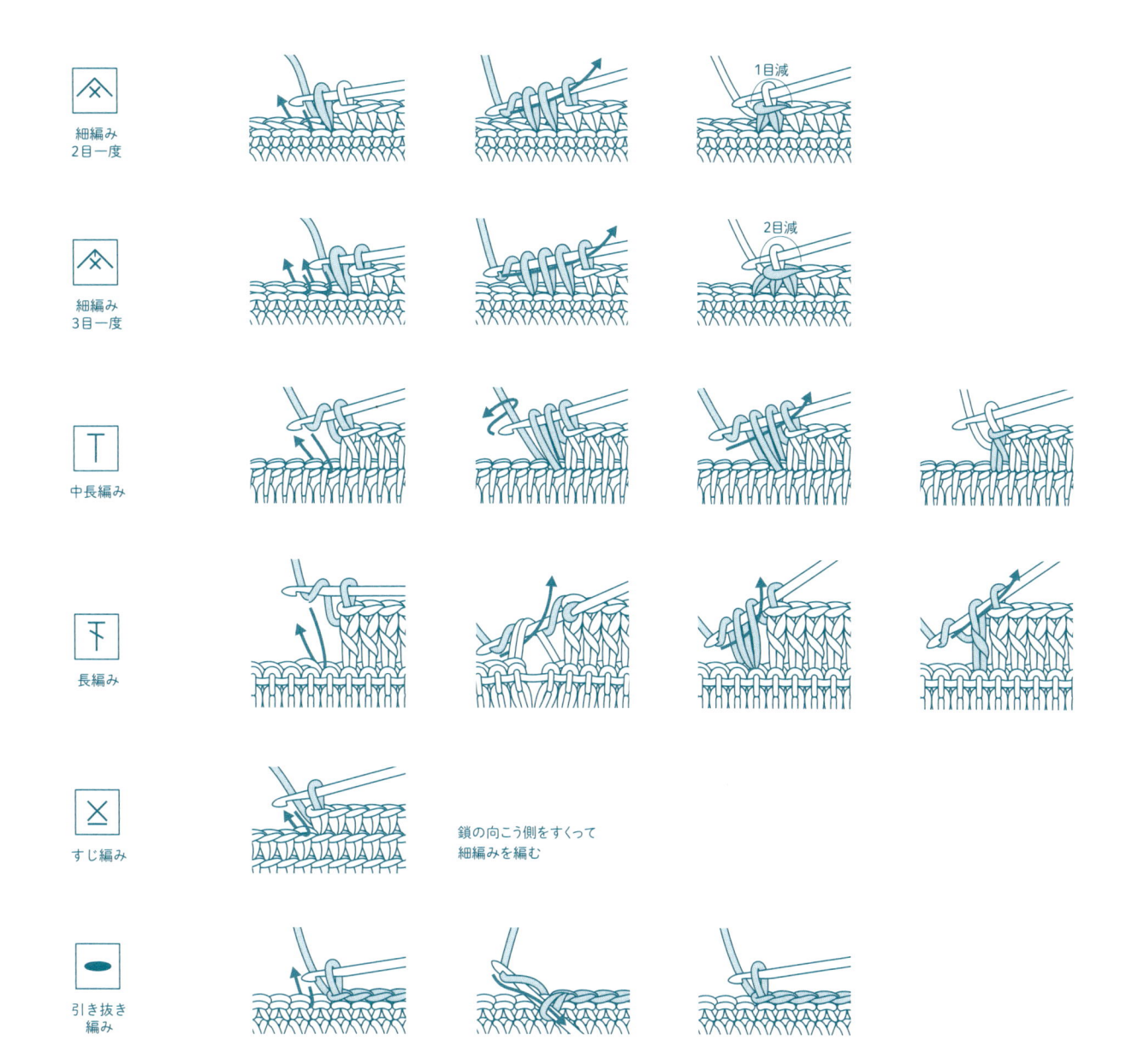

細編み3目一度 ... 1目減

中長編み ... 2目減

長編み

すじ編み

鎖の向こう側をすくって細編みを編む

引き抜き編み

71

ほし☆みつき

あみぐるみ作家。「何でもあみぐるみで表現」をモットーに創作活動をしている。大好きな犬のあみぐるみをはじめ、さまざまな題材のあみぐるみを発表。著書に『編み犬の毎日①〜③』（文化出版局）、『ほし☆みつきのキラキラあみぐるみ』（河出書房新社）など多数。欧米、アジアなど9カ国で翻訳され、アメリカでも著作が出版されている。2024年11月逝去。

[毛糸提供]

ハマナカ株式会社

京都本社　〒616-8585　京都市右京区花園薮の下町2-3
　　　　　tel 075-463-5151（代）　fax 075-463-5159
e-mail　iweb@hamanaka.co.jp
ホームページ　http://www.hamanaka.co.jp/

[Staff]

写真（口絵・カバー）……………菊岡俊子
写真（p.29〜40）……………中辻渉
スタイリング……………UKO
デザイン……………原てるみ、星野愛弓(mill design studio)
作り方イラスト……………川島豊美(Kawashima Design Office)
編み図イラスト……………WADE
編集……………村松千絵(Cre-Sea)

[編集協力]

種田心吾（株式会社リーブルテック）

Ami Ami Aquarium
ほし☆みつきの
あみあみ水族館

2014年（平成26年）11月1日　初版第1刷発行
2025年（令和7年）3月22日　初版第8刷発行

著　者　ほし☆みつき
発行者　竹内 尚志
発行所　株式会社自由国民社
　　　　〒171-0033
　　　　東京都豊島区高田3-10-11
　　　　https://www.jiyu.co.jp/
　　　　電話03-6233-0781（代表）
印刷所・製本所　株式会社リーブルテック

©2014 Printed in Japan.　乱丁本・落丁本はお取り替えいたします。

本書の全部または一部の無断複製（コピー、スキャン、デジタル化等）・転訳載・引用を、著作権法上での例外を除き、禁じます。ウェブページ、ブログ等の電子メディアにおける無断転載等も同様です。これらの許諾については事前に小社までお問合せ下さい。また、本書を代行業者等の第三者に依頼してスキャンやデジタル化することは、たとえ個人や家庭内での利用であっても一切認められませんのでご注意下さい。